essentials

Essentials liefern aktuelles Wissen in konzentrierter Form. Die Essenz dessen, worauf es als "State-of-the-Art" in der gegenwärtigen Fachdiskussion oder in der Praxis ankommt. *Essentials* informieren schnell, unkompliziert und verständlich

- als Einführung in ein aktuelles Thema aus Ihrem Fachgebiet
- als Einstieg in ein für Sie noch unbekanntes Themenfeld
- als Einblick, um zum Thema mitreden zu können

Die Bücher in elektronischer und gedruckter Form bringen das Fachwissen von Springerautor*innen kompakt zur Darstellung. Sie sind besonders für die Nutzung als eBook auf Tablet-PCs, eBook-Readern und Smartphones geeignet. *Essentials* sind Wissensbausteine aus den Wirtschafts-, Sozial- und Geisteswissenschaften, aus Technik und Naturwissenschaften sowie aus Medizin, Psychologie und Gesundheitsberufen. Von renommierten Autor*innen aller Springer-Verlagsmarken.

Claudia Wente-Waedlich •
Rainer Waeedlich • P. Lloyd Hildebrand

NIS-2 für Universitätskliniken und große Krankenhäuser

Umsetzung gesetzlicher Vorgaben

Springer

Claudia Wente-Waedlich
wkomma GmbH
Köln, Deutschland

Rainer Waeedlich
wkomma GmbH
Köln, Deutschland

P. Lloyd Hildebrand
Kerkorian School of Medicine
University of Nevada
Las Vegas, USA

ISSN 2197-6708 ISSN 2197-6716 (electronic)
essentials
ISBN 978-3-662-74220-4 ISBN 978-3-662-74221-1 (eBook)
https://doi.org/10.1007/978-3-662-74221-1

Die Deutsche Nationalbibliothek verzeichnet diese Publikation in der Deutschen Nationalbibliografie; detaillierte bibliografische Daten sind im Internet über https://portal.dnb.de abrufbar.

Planung/Lektorat: Hinrich Kuester
Springer ist ein Imprint der eingetragenen Gesellschaft Springer-Verlag GmbH Deutschland und ist ein Teil von Springer Nature.
Die Anschrift der Gesellschaft ist: Heidelberger Platz 3, 14197 Berlin, Germany

Was Sie in diesem *essential* finden können

- Überblick über die Komplexität der NIS-2-Normen für große medizinische (und pflegerische) Einrichtungen in der EU
- Einführung in die NIS-2-Anforderungen für alle Verantwortlichen in größeren Krankenhäusern, Kliniken, Versorgungsnetzwerken inkl. in den Bereichen Pflege und Betreuung
- Beschreibung der neuen organisatorischen, rechtlichen und technischen Rahmenbedingungen für Informationssicherheit in der stationären medizinischen Versorgung
- Informationen zu NIS-2 relevanten Beschlüssen
- Analyse der unterschiedlichen Alternativen für Informationssicherheitsmanagementsysteme (ISMS) unter Berücksichtigung individueller Voraussetzungen
- Informationen zu organisatorischen Schnittstellen zur Digitalisierung und Künstlicher Intelligenz (KI) im Gesundheitswesen
- Hinweise auf Verfahrensanweisungen (ISO 9001) und Ablaufbeschreibungen im NIS-2-Kontext
- Übersicht zu zielgruppenspezifischen Schulungsanforderungen in der Patientenversorgung, in der Administration, für IT-Mitarbeitende und die Geschäftsleitung
- Ausblick auf die Zukunft von NIS-2 mit konsolidierten GRC-Systemen (Governance, Risks, Compliance)
- Hinweise zu NIS-2 relevantem Audit-Management (First-Party-, Second-Party-, Third-Party-Audits)

Vorwort

Die zweite Hälfte der 2020er-Jahre wird von einem deutlichen Wandel in Universitätskliniken und großen Krankenhäusern geprägt sein. Zwischen 2026 und 2030 werden viele der strukturellen, technologischen und organisatorischen Grundlagen für die nächste Generation der medizinischen und pflegerischen Versorgung geschaffen. Zwei Entwicklungen werden dabei von besonderer Bedeutung sein: die fortschreitende Digitalisierung der Gesundheitsversorgung sowie der zunehmende Einsatz künstlicher Intelligenz (KI) in Forschung, Diagnostik und klinischer Entscheidungsunterstützung.

Beide innovativen Entwicklungen bieten große Chancen. Sie können dazu beitragen, Personalengpässe zu bewältigen, die Effizienz zu steigern und die Forschungskapazitäten zu stärken. Eine präzisere, datengestützte Versorgung kann damit ermöglicht werden. Diese Potenziale lassen sich jedoch nur dann realisieren, wenn die Krankenhäuser die Sicherheit, Integrität, den Schutz und die transparente Nutzung jener Daten gewährleisten können. In diesem Kontext ist NIS-2 weit mehr als eine weitere regulatorische und bürokratische Verpflichtung. Vielmehr stellt die neue EU-Norm eine fundamentale Voraussetzung und Unterstützung für die digitale und KI-gestützte Transformation der modernen Gesundheitsversorgung dar.

Das vorliegende „Essential“ versteht sich als praktischer Leitfaden für Akteure an Hochschulen, Universitäten und in Großkrankenhäusern, die sich in dieser neuen regulatorischen Landschaft orientieren müssen. Er verknüpft die Anforderungen von NIS-2 mit den realen Strukturen in der klinischen Versorgung, der Forschung und der Lehre. Führungskräften hilft es dabei, regulatorische Verpflichtungen mit konkreten Strategien zu beherrschen.

Las Vegas, USA | Peter Lloyd Hildebrand, MD

Im Buch wird das generische Maskulinum verwendet. Die verwendeten Personenbezeichnungen sollen sich, sofern nicht anders kenntlich gemacht, jedoch auf alle Geschlechter und Geschlechtsidentitäten beziehen.

Interessenskonflikt Die Autor*innen haben keine relevanten Interessenskonflikte im Zusammenhang mit dieser Publikation.

Inhaltsverzeichnis

Über die Autoren

Prof. Dr. Peter Lloyd Hildebrand (MD), gebürtiger Kanadier, ist Professor für Augenheilkunde in den USA. Er ist als plastisch-rekonstruktiver Augenarzt in Las Vegas tätig. Zuvor arbeitete er 22 Jahre am Dean McGee Eye Institute, der Augenklinik der University of Oklahoma in Oklahoma City, USA. Er trug maßgeblich zur Entwicklung von Augenkliniken in China, Afrika und Peru bei. Er entwickelte digitale Systeme zur IT-gestützten Früherkennung und Behandlung der diabetischen Retinopathie und leitete die Entwicklung globaler IT-Standards für die Augenheilkunde. Er spielte eine führende Rolle in IBM Watson Health-Projekten zur Anwendung künstlicher Intelligenz in der Augenheilkunde in Japan und den USA. Ein weiteres Spezialgebiet von Professor Hildebrand sind strukturierte Standards für medizinische Daten als Grundlage für maschinelles Lernen und KI im klinischen Gesundheitswesen. Viele Jahre lang war er Mitglied im internationalen DICOM-Komitee und vertrat die USA, vertreten durch die American Academy of Ophthalmology (AAO), in der WHO-Arbeitsgruppe zur Entwicklung der ICD-11 (Internationale Klassifikation der Krankheiten, 11. Revision) für die digitale Kodierung medizinischer Diagnosen. Durch seine Vorträge und Publikationen ist er in der internationalen Fachwelt bekannt.

Claudia Wente-Waedlich ist Expertin für Digitalisierung und Qualitätsmanagement in Kliniken, Arztpraxen und für E-Healthcare Software. In ihrer über 30-jährigen Berufslaufbahn hat sie mehr als 1200 Krankenhäuser, Kliniken und Arztpraxen mit über 3500 Ärzten und mehr als 11.000 Mitarbeitenden in Deutschland/Europa und den USA, China und Japan bei der Einführung von strukturiertem Qualitätsmanagement und ePA-Systemen begleitet. Ihr Spezialgebiet ist die digitale Wissensvermittlung mit modernen Kommunikations-Strategien wie NLP

(Neurolinguistische Programmierung) und die Nutzung von E-Learning Technologien und KI (Künstliche Intelligenz). In der ersten KI-Studie in der Ophthalmologie (IBM Watson Health) war sie für die ophthalmologischen Terminologie Standards verantwortlich. In der Augenklinik der Universität Peking/China (PKUPH) war sie 2011–2013 zusammen mit einer chinesischen Expertengruppe für die Einführung der ophthalmologischen digitalen Patientenakte verantwortlich.

Claudia Wente-Waedlich war über 15 Jahre im Aufsichtsrat von Health IT-Unternehmen in Deutschland und USA tätig. Aktuell ist sie Geschäftsführerin der MCSS Gesellschaft in Köln für den Bereich Coaching und E-Learning verantwortlich.

Rainer Waedlich ist Experte für Health-IT (E-Health), KI, Informationssicherheit/Cyberschutz und Qualitätsmanagement im Gesundheits- und Sozialbereich. In seiner über 40-jährigen internationalen Berufslaufbahn hat er softwarebasierte Produkte im Gesundheitswesen für medizinische Informationssysteme zur Dokumentation und klinische Entscheidungsunterstützung entwickelt. Über 1000 Unternehmen und medizinische Einrichtungen hat er weltweit in IT-Projekten unterstützt. In den Jahren 2013/2014 hat er u. a. das chinesische Gesundheitsministerium in Beijing in der Digitalisierung und zu IT-Sicherheitskonzepten in China beraten.

Im ersten Projekt für Künstliche Intelligenz (KI) in der Augenheilkunde koordinierte er die Arbeitsgruppe von IBM-Watson Health, TOPCON, ifa systems und MERGE in den Jahren 2015/2016. Die Ergebnisse der KI-Studien wurden in den folgenden Jahren in verschiedenen Projekten und Produkten im internationalen Markt eingeführt.

Als Aufsichtsratsvorsitzender deutscher und amerikanischer Health IT-Unternehmen war er mehr als 20 Jahre lang u. a. für die Compliance von wissensbasierten Projekten verantwortlich (Entwicklung von Algorithmen für Vorstufen von AI-Anwendungen, „Artificial Intelligence in Medicine“).

Einleitung 1

1.1 Der Markt und die Zielgruppen

Der Markt der stationären medizinischen Versorgung stellt sich im Jahr 2026 in jeder Hinsicht heterogen dar. Die Zielgruppen dieser Publikation sind Universitätskliniken, sogenannte Maximalversorger-Krankenhäuser und vergleichbare Klinikstrukturen in Deutschland.

Anfang 2026 versorgen 36 Universitätskliniken und 40 Maximalversorger-Krankenhäuser zwischen 4,0 und 4,5 % der Patientenfälle in Deutschland.

Diese 76 Versorgungseinrichtungen beschäftigen zwischen 85.000 und 90.000 Ärztinnen und Ärzte und etwa 460.000 nichtärztliche Mitarbeitende. Die Daten beruhen auf unterschiedlichen Hochrechnungen der unterschiedlichen (teilweise abweichenden) Statistiken. Insgesamt kann man davon ausgehen, dass die etwa 76 großen Krankenhäuser zwischen 40 und 45 % aller Ärzte in der stationären Versorgung ausmachen.

Im Kontext der Regulatorik sind diese wichtigen medizinischen Versorgungseinrichtungen zunehmend durch neue rechtliche und technische Rahmenbedingungen betroffen. Durch Digitalisierung und Künstliche Intelligenz (KI) im Gesundheitswesen verändert sich die Arbeitswelt für mehr als eine halbe Million Menschen spürbar. Ein zentrales Element ist das NIS2UmsuCG, das am 5. Dezember 2025 offiziell in Kraft trat. Es löst bei den großen Krankenhäusern (geschätzt ca. 190) die bisherige KRITIS Gesetzgebung ab.

Die großen stationären Versorger haben ab 2026 drei neue umfassende Regulatorik-Verpflichtungen umzusetzen:

C. Wente-Waedlich et al., *NIS-2 für Universitätskliniken und große Krankenhäuser*, essentials, https://doi.org/10.1007/978-3-662-74221-1_1

- NIS2UMsuCG für Informationssicherheit und Cyberschutz
- KRITISDachG für Resilienz in großen und wichtigen Krankenhäusern
- KI-Verordnung für die rechtssichere Anwendung der Künstlichen Intelligenz

Insider vermuten, dass sich die organisatorischen, rechtlichen und technischen Maßnahmen zwischen 50–100 % erhöhen werden. Die Anzahl der internen und externen Audits (First Party, Second Party und Third Party Audits) werden sich mehr als verdoppeln.

1.2 Die Rahmenbedingungen

In Krankenhäusern steht durch die Digitalisierung und die KI-Einführung ein Paradigmenwechsel an. Das bedeutet:

- Neue Denkweisen mit technologischen Leistungen
- Neue Rollen wie Health-IT Spezialisten und Medizininformatiker
- Neue Perspektiven durch Künstliche Intelligenz (KI) in der medizinischen und pflegerischen Versorgung

In der Theorie verspricht dieses Change-Management professionelle und zukunftsorientierte Lösungen für viele Probleme. Allerdings sieht die Realität für viele Krankenhäuser zum Beginn des Jahres 2026 anders aus. Die Herausforderungen:

- Expertenmangel (es fehlen 4000–4500 IT-Fachleute in den etwa 1900 Krankenhäusern)
- KI-Fortbildung (zusätzlich fehlen 3500–5000 KI-Integrationsspezialisten)
- Angespannte Finanzsituationen (es fehlen oft ausreichende Budgets)
- Bürokratie und Regulatorik (mehr als 50 Verordnungen, Gesetze, Richtlinien sind von Krankenhäusern Anfang 2026 verpflichtend umzusetzen)

1.2.1 Personalbedarf für Krankenhaus-IT

Der Schlüssel für eine erfolgreiche IT-Anwendung im Krankenhaus ist das Personalmanagement. Der Umgang mit dem Mangel an Fachkräften ist eine zentrale Herausforderung für das HR-Management.

Insgesamt sind in den Krankenhäusern und Kliniken in Deutschland etwa 22.000 IT-Mitarbeitende beschäftigt. Nach unterschiedlichen Schätzungen der

Fachverbände fehlen im Jahr 2026 etwa 4000–4500 IT-Fachleute in Krankenhäusern und Kliniken. Hinzu kommt der Bedarf an Spezialisten für die Integration von KI in operative und pflegerische Prozesse. Die Hochrechnungen reichen von 3500 bis 5000 KI-Anwendungsspezialisten.

1.2.2 Ausbildung für Krankenhaus-IT

Die Health-IT Branche hat den Bedarf erkannt und bietet Ausbildungen und Aufbauschulungen für die Anwendung von IT in der medizinischen und pflegerischen Versorgung verstärkt an. Da es keine konkreten öffentlichen Zahlen zu den unterschiedlichen Ausbildungsstrukturen gibt, kann man nur fundierte Hochrechnungen für Prognosen heranziehen. Danach befinden sich etwa 4000 bis 4500 Studierende (Bachelor und Master) in einer Medizin-IT-Ausbildung. Jährlich stehen dem Markt damit zwischen 1800 bis 2200 neue IT-Fachkräfte für den Gesundheitsmarkt zur Verfügung. Damit wird der Personalmangel ein Dauerthema bleiben.

1.3 NIS-2 für KRITIS-Organisationen

Die in diesem Essential adressierten medizinischen Versorgungszentren fallen fast in ihrer Gesamtheit auch unter die bisherige KRITIS-Gesetzgebung. Insofern haben diese Versorger besondere Voraussetzungen für die NIS-2-Umsetzung. Sie sind mit KRITIS-Audits vertraut, die auch Vorbild für die umfangreicheren NIS-2-Audits sein sollen.

1.4 KRITIS-Dachgesetz (KRITISDachG)

Die bisherige KRITIS-Regulierung nach der BSI-KRITIS-Verordnung und § 8a BSIG wird durch das neue KRITIS-Dachgesetz ergänzt und in der Zielsetzung ersetzt.

Ein erweiterter Ansatz ist der der physischen Resilienz (All-Gefahren-Ansatz – Gefahrenübergreifendes Risikomanagement) statt nur IT-Sicherheit.

Parallel bleibt NIS2UmsuCG für Cybersecurity bestehen – beide Gesetze gelten kumulativ. [openkritis.de]

1.5 Datenerhebungen

Die Autoren führen seit 2005 in Deutschland und in den USA Datenerhebungen und -auswertungen für Veröffentlichungen im Bereich Digitalisierung im Gesundheitswesen durch. Dabei werden Primärdaten aus verschiedenen Quellen verdichtet, fortgeschrieben und (u. a. mit KI-Tools) evaluiert. Die Primärdaten stammen aus statistischen Datenbanken (z. B. DESTATIS, STATISTA, EUROSTAT, NHS) und Marktanalysen von Verbänden (DKG, HIMMS etc.). Wenn keine anderen Quellenangaben gemacht werden, basieren Informationen aus den eigenen Archiven der Autoren.

2 NIS-2 und GRC im Wettbewerb großer Kliniken und Krankenhäuser

Forschende Krankenhäuser stehen häufig im nationalen, aber auch internationalen Wettbewerb. Damit konkurrieren sie weltweit um attraktive Forschungsprojekte, klinische Studien und Drittmittelprojekte. In diesem Kontext sind organisatorische Strukturen, GRC-Modelle (Governance-, Risk- und Compliance-Modelle) und regulatorische Rechtskonformität zunehmend wichtig für die strategische Positionierung der Krankenhäuser und Kliniken. Informations- und Systemsicherheit werden zu wichtigen USPs (Unterscheidungsmerkmale im Wettbewerb). Sie werden mitentscheidend für den Abschluss von Kooperationsprojekten.

Im internationalen Kontext wird NIS-2 zunehmend als Qualitäts- und Konformitätsstandard anerkannt. Internationale Forschungspartner, staatliche Förderinstitutionen und Industrieunternehmen erwarten von großen forschenden Einrichtungen nachvollziehbare und nachgewiesene Sicherheitsstrukturen. NIS-2-Konformität kann sich so zu einer europäischen Auszeichnung entwickeln.

Integrierte GRC-Anwendungen stellen in diesem Zusammenhang einen zentralen Wettbewerbsvorteil dar. Zukünftige GRC-Systeme ermöglichen es, regulatorische Anforderungen wie NIS-2, Datenschutz, Qualitätsmanagement und klinisches Risikomanagement in einem konzertierten Managementsystem zu kombinieren. GRC schafft Transparenz über Risiken, Verantwortlichkeiten, Entscheidungen und Nachweise. Governance-, Risk- und Compliance-Systeme unterstützen besonders die Geschäftsleitungen bei der Erfüllung ihrer Steuerungs- und Überwachungspflichten. Für international aktive Forschungskrankenhäuser wird diese Systematik zur Voraussetzung, um regulatorische Bürokratie wieder beherrschbar zu machen und Innovationen nachhaltig abzusichern.

C. Wente-Waedlich et al., *NIS-2 für Universitätskliniken und große Krankenhäuser*, essentials, https://doi.org/10.1007/978-3-662-74221-1_2

Da die meisten Forschungseinrichtungen wie Universitätskliniken und Spezialkliniken selbst NIS-2 betroffen sind, wird die Norm zu einem gemeinsamen Standard für die Partnerschaften in Forschung und Entwicklung. Auch im Wettbewerb um Fördermittel und Fachkräfte entwickeln NIS-2 und GRC wichtige Qualitätsnachweise. Projektentscheider hinterfragen zunehmend die organisatorische Reife und Resilienz von Einrichtungen.

NIS-2 kann als strukturierte Vorstufe eines umfassenden GRC-Systems definiert werden, da die Richtlinie zentrale Elemente wie Risikomanagement, Incident-Handling, Lieferkettensicherheit und Governance bereits verbindlich vorgibt. Die Autoren können in diesem Kontext auf eigene Erfahrungen in Projekten mit amerikanischen, asiatischen und europäischen Partnern in der Forschung und Produktentwicklung zurückgreifen.

3 NIS-2-Rahmenbedingungen in der KRITIS-Nachfolge

Seit Anfang 2026 stellt sich die IT-Sicherheitsregulatorik für große Krankenhäuser wie Universitätskliniken und Maximalversorger-Krankenhäuser stark verändert dar:

- Das NIS-2 Umsetzungs- und Cyberschutz-Gesetz wurde noch im Dezember 2025 in Kraft gesetzt und löst die „alte“ KRITIS-Gesetzgebung für Informationssicherheit in den betroffenen Krankenhäusern und anderen Einrichtungen ab.
- Das neue KRITISDachG ergänzt die Regulatorik in den Bereichen Resilienzmanagement, Risikoanalysen, physische Schutzmaßnahmen, Notfallpläne, Krisenübungen und offizielle Meldepflichten.
- Das neue KRITISDachG ist relevant für alle Einrichtungen, die mehr als 500.000 Personen in ihrem Einzugsbereich versorgen. Das trifft nach bisherigen Schätzungen auf alle Universitätskliniken und etwa 20 % der Maximalversorger zu.
- In den Fachgremien werden neue Betroffenheitskriterien diskutiert, die zukünftig möglicherweise 125.000 (anstelle der 500.000 Personen) betreffen könnten

Die Projekte NIS-2 und KRITISDachG sollten auf Ebene des Projektmanagements synchronisiert werden. Dabei ist auf eine einheitliche Terminologie und Formulierung zu achten:

C. Wente-Waedlich et al., *NIS-2 für Universitätskliniken und große Krankenhäuser*, essentials, https://doi.org/10.1007/978-3-662-74221-1_3

- **Synchronisierung von Verantwortlichkeiten**:
  „Die Geschäftsführung trägt die Gesamtverantwortung für die Umsetzung sowohl der NIS-2-Richtlinie als auch des KRITISDachG. Zuständigkeiten für Informationssicherheit und Resilienz werden in einer gemeinsamen Leitlinie festgelegt."
- **Synchronisierung von Risikoanalysen**:
  „Risikoanalysen zu Cyberbedrohungen (NIS-2) und physischen Gefahren (KRITISDachG) werden in einem integrierten Verfahren durchgeführt und jährlich aktualisiert."
- **Synchronisierung von Meldeprozessen**:
  „Alle sicherheitsrelevanten Vorfälle werden über ein zentrales Meldeverfahren erfasst und sowohl an das BSI (NIS-2) als auch an das Bundesamt für Bevölkerungsschutz und Katastrophenhilfe (BBK) (KRITISDachG) gemeldet."
- **Synchronisierung von Notfallplänen**:
  „Notfallpläne für allgemeine IT-Störfälle, Cyberangriffe und physische Störungen werden in einem gemeinsamen Krisenhandbuch dokumentiert und regelmäßig in kombinierten Übungen getestet."
- **Synchronisierung von Lieferantenanforderungen:**
  „Verträge mit externen Dienstleistern und Lieferanten enthalten sowohl Anforderungen an IT-Sicherheit (NIS-2) als auch an physische Resilienz (KRITISDachG)."
- **Synchronisierung von Schulungsprogrammen:**
  „Alle Mitarbeitenden erhalten jährlich kombinierte Schulungen zu Informationssicherheit, Cybersecurity und physischer Resilienz, um die Anforderungen beider Regelwerke erfüllen."
  Ziele der Synchronisierung:
  - Vermeidung doppelter Strukturen und Gewährleistung gemeinsamer Prozesse
  - Abgestimmte Erfüllung der Dokumentation zu beiden Rechtsnormen
  - „Job Enrichment" für alle Beteiligten durch höhere Wertschätzung (ganzheitliche Verantwortung)

3.1 Zuständige NIS-2-Behörden im Gesundheitswesen

NIS-2 basiert auf einer gesetzlichen Regelung der EU. Das bedeutet, dass die Normen europaweit in allen Mitgliedsstaaten verbindlich sind. Ziel ist die Umsetzung von Mindeststandards mit einer Harmonisierung der rechtlichen Rahmenbedingungen.

3.1.1 NIS-2 auf EU-Ebene

Auf EU-Ebene existieren komplexe Strukturen, die häufig zu einer Bürokratieflut führen. Die Geschichte der NIS-Gesetzgebung ist dafür ein Beispiel. Von der Planung der ersten NIS-Norm bis zum Inkrafttreten von NIS-2 im Dezember 2025 in Deutschland sind mehr als 12 Jahre vergangen.

Mit der Entwicklung der ersten NIS-Richtlinie („NIS-1“) wurde 2013 begonnen. Die Europäische Kommission legte im Juli 2013 einen Vorschlag für eine Richtlinie zur Netz- und Informationssicherheit vor. Nach Verhandlungen mit EU-Parlament und -Rat wurde die Richtlinie am 6. Juli 2016 verabschiedet, trat am 8. August 2016 in Kraft und war ab Mai 2018 verbindlich anzuwenden

2018–2019 zeigen die Erfahrungen, dass NIS-1 zu unterschiedlich in den Mitgliedsstaaten umgesetzt wurde und nicht alle relevanten Sektoren abdeckte.

Im Dezember 2020, also ziemlich genau 5 Jahre vor Inkrafttreten von NIS-2, veröffentlichte die Europäische Kommission den ersten Vorschlag für NIS-2, um die Defizite von NIS-1 zu korrigieren. Im Dezember 2022 erfolgte die Veröffentlichung von NIS-2 im Amtsblatt der EU. Der 18. Oktober 2024 war der Stichtag, ab dem die Mitgliedstaaten NIS-2 vollständig anwenden mussten. Erst etwa 14 Monate später gilt auch in Deutschland das Gesetz für Informationssicherheit und Cyberschutz offiziell.

Auf EU-Ebene ist die Kommission (DG CONNECT und DG SANTE) für die politische und sektorale Steuerung zuständig, ENISA für die fachliche Unterstützung und Koordination, und die Kooperationsgruppe/CSIRTs-Netzwerk für den Austausch und die operative Zusammenarbeit. Damit gibt es auch im Gesundheitswesen klare Zuständigkeiten, die sicherstellen sollen, dass Patientendaten und medizinische Versorgung europaweit geschützt sind.

3.1.2 NIS-2 auf nationaler Ebene

Auf nationaler Ebene hat das BSI (Bundesamt für Sicherheit in der Informationstechnik) die Verantwortung übernommen. In erster Linie gilt die gesetzliche Pflicht. Krankenhäuser müssen primär die Anforderungen aus dem Gesetz erfüllen (z. B. Risikoanalysen, Sicherheitsmaßnahmen, Meldepflichten).

Daneben gelten zusätzlich die BSI-Anleitungen und -Richtlinien. Sie geben konkrete Hinweise, wie die Pflichten umgesetzt werden können (z. B. mit welchen

Standards, mit welchen organisatorischen und rechtlichen Prozessen). Da das BSI auch für die regelmäßigen Audits verantwortlich ist, legt das Amt auch die Prüfungsmaßstäbe fest.

Solange Einrichtungen (wie z. B. Krankenhäuser) die Erfüllung der gesetzlichen Anforderungen erfüllen und die Nachweise erbringen, können sie auch eigene Leitlinien und Prozesse entwickeln. Das wird besonders dann relevant werden, wenn die komplexen BSI-Vorgaben aus Kosten- oder Personalgründen nur teilweise erfüllt werden können. In diesem Kontext ist es die Aufgabe der Rechtsabteilungen in den betroffenen Einrichtungen die Rechtskonformität zu prüfen und zu dokumentieren.

In Deutschland sind unterschiedliche Behörden für die Umsetzung und die Kontrolle von NIS-2 zuständig:

- Das BMI ist zuständig für die politische und gesetzliche Koordination auf EU-Ebene
- Das BSI ist die zentrale Behörde für NIS-2 und damit für Informationssicherheit und Cybersicherheit. Das BSI legt auch das Auditmanagement fest und koordiniert die regelmäßigen Prüfungen alle 2–3 Jahre vor Ort. Außerdem können anlassbezogene Audits jederzeit durchgeführt werden.
- Das BMG erfüllt eine fachliche Zuständigkeit für den Bereich NIS-2 im Gesundheitswesen und damit auch für Krankenhäuser

3.2 NIS-2 im Vergleich zu KRITIS (alt) für Krankenhäuser

Mit der EU NIS2-Umsetzung und dem neuen KRITIS-Dachgesetz werden sich die Nachweispflichten betroffener Einrichtungen im Gesundheitswesen in den nächsten Jahren deutlich ändern. Die Audits werden nach Einschätzung der bisherigen KRITIS-Autoren ausgeweitet:

- NIS-2 Audits (BSI & beauftragte Audit-Dienstleister)
- KRITISDachG (BBK & beauftragte Audit-Dienstleister)

Gegenüberstellungen;

KRITIS alt	gültig nur Deutschland
NIS-2	gültig in allen EU-Ländern

KRITIS alt	Aufsicht BBK & BSI
NIS-2	Aufsicht EU & BSI

KRITIS alt	Schwerpunkte IT- & physische Sicherheit
NIS-2	Fokus Risikomanagement & Cybersicherheit

KRITIS alt	Keine persönliche Haftung für Führungskräfte
NIS-2	Schulungspflicht und persönliche Haftung für Führungskräfte

KRITIS alt	Meldungen für größere Störfälle
NIS-2	24 h Frist für alle Cyberfälle und IT-Störungen

KRITIS alt	Bußgelder nach deutschem Recht
NIS-2	Strafen bei Verstößen bis 10 Mio. € nach EU-Recht

KRITIS alt	Geltungsbereich betrifft ca. 190 Krankenhäuser
NIS-2	alle größeren Krankenhäuser und Kliniken (ca. 1900) sind betroffen

3.3 NIS-2 und KRITISDachG: zwei getrennte Auditkonzepte

KRITIS und NIS-2 stellen zwei unterschiedliche Rechtsnormen und Rechtsräume dar. Das bedeutet, dass betroffene Krankenhäuser Synergien nutzen können und sollten. In der Auditabwicklung sind die Prozesse allerdings zu trennen.

- KRITIS (BSIG / KRITISDachG)
  - Gilt für Betreiber kritischer Anlagen (z. B. große Krankenhäuser mit > 30.000 stationären Fällen/Jahr und nach neuen Schwellenwerten mit Versorgung ab 500.000 Einwohnern im Einzugsgebiet).
  - Fokus: physische und organisatorische Resilienz sowie IT-Sicherheit nach § 8a BSIG.
  - Nachweis über Audits alle zwei Jahre, meist basierend auf B3S (Branchenspezifischer Sicherheitsstandard). [bsi.bund.de], [forenova.com]

- NIS-2-Audits (EU-Richtlinie, deutsches NIS2UmsuCG)
  - Gilt für „wesentliche" und „wichtige Einrichtungen" (z. B. fast alle Krankenhäuser ab 50 Mitarbeitenden oder > 10 Mio. € Umsatz).
  - Fokus: Cybersicherheit und Risikomanagement inkl. Meldepflichten, Lieferkettensicherheit, Management-Verantwortung.
  - Umfassende Prüfungen durch BSI, teils anlassbezogen, teils stichprobenartig.

3.3.1 KRITISDachG Betroffenheit

Erbringt das Krankenhaus eine kritische Dienstleistung für die Gesamtversorgung (Notfallversorgung, Intensivmedizin, Spezialzentren), so gilt das neue KRITISDachG. Dabei muss ein Schwellenwert erreicht werden:

- Versorgt die Einrichtung ≥ 500.000 Personen im Einzugsgebiet?
- Ja → KRITISDachG relevant!
- Nein → Prüfung, ob Sonderregelungen greifen (z. B. überregionale Bedeutung wie bei Universitätskliniken und regionalen Maximalversorgern).

Wenn die Bedingungen erfüllt sind, ist eine Registrierung (BBK/BSI) verpflichtend. Außerdem müssen Ansprechpartner für das Resilienzmanagement benannt werden. Im Laufe der kommenden Quartale sollen die Kriterien für die neuen KRITISDachG weiter konkretisiert werden.

3.3.2 Trennung KRITIS und NIS-2

Wodurch unterscheiden sich das KRITISDachG und NIS2UmsuCG?

- Die Gesetze sind nicht harmonisiert: KRITISDachG (CER-Umsetzung) und NIS2UmsuCG haben unterschiedliche Begriffe, Schwellenwerte und Prüfkriterien.
- Bitkom und Fachkreise kritisieren die fehlende Harmonisierung – das führt auch zu getrennten Auditprozessen, auch wenn Inhalte wie ISMS, BCM und Risikomanagement sich überschneiden.

- Umsetzung in der Praxis:
  - Krankenhäuser müssen zwei „Compliance-Landschaften“ bedienen.
  - Viele Einrichtungen versuchen, integrierte Managementsysteme (ISO 27001 + B3S + NIS-2-Anforderungen) aufzubauen, um Doppelarbeit zu vermeiden.
  - Prüfer können Synergien nutzen, aber rechtlich bleiben es zwei Nachweisverfahren (KRITIS-Nachweis alle 2 Jahre, NIS-2-Nachweis bei Prüfungen alle 2 Jahre oder auf Anforderung).

NIS-2-Audits

4

Die Experten aus dem Kreis der KRITIS-Auditoren erwarten wesentlich komplexere Prüfungen nach NIS2UmsuCG im Vergleich zu KRITIS-Prüfungen. Dies ergibt sich aus den umfangreicheren Anforderungen von NIS-2 im Vergleich zu den bisherigen KRITIS-Strukturen. Da aber gleichzeitig in vielen Einrichtungen der medizinischen und pflegerischen Versorgung große finanzielle und personelle Engpässe herrschen, gilt es die NIS-2 Maßnahmen sorgfältig nach Prioritäten zu planen.

Leitsatz: Audits sollten als Chance zur Optimierung und nicht als bürokratisches Hindernis gesehen werden. In diesem Kontext gehen allerdings Prozesse der Patientenversorgung immer vor und dürfen durch Auditprozesse nicht unnötig belastet werden.

4.1 Zeitrahmen NIS-2-Audits

Da NIS-2 im Dezember 2025 offiziell in Kraft gesetzt wurde, werden die ersten NIS-2-Basis-Audits voraussichtlich zwei Quartale nach Veröffentlichung stattfinden. KRITIS -Auditoren, die bislang die großen Krankenhäuser (ca. 190) geprüft haben, werden voraussichtlich auch die Kapazitäten für die ersten (ca. 1900) NIS-2-Basis-Audits bereitstellen. Rein rechnerisch ergibt sich daraus bereits eine Lücke, die erst im Laufe der kommenden zwei Jahre zu schließen sein wird. Insofern können bislang nur Schätzungen die zukünftige Audit-Landschaft darstellen. Damit ist auch eine Unsicherheit für die Planung in den betroffenen Krankenhäusern verbunden.

C. Wente-Waedlich et al., *NIS-2 für Universitätskliniken und große Krankenhäuser*, essentials, https://doi.org/10.1007/978-3-662-74221-1_4

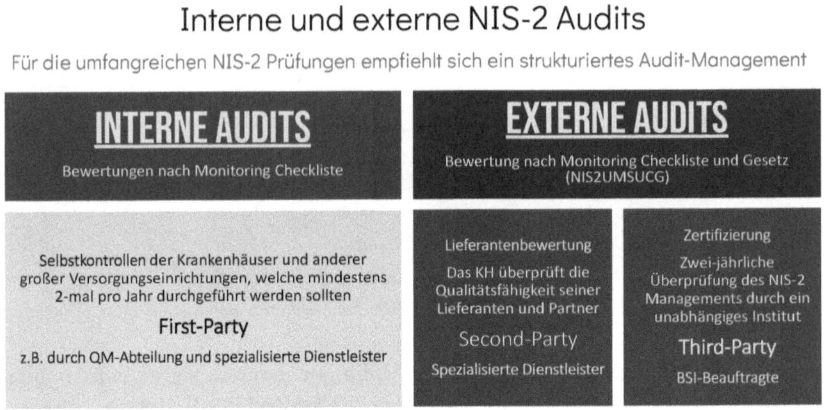

Abb. 4.1 Interne und externe NIS-2-Audits

Wahrscheinlich ist nach dem ersten Basis-Audit ein Zwei-Jahresrhythmus im Gesundheitswesen einzuplanen. Sicher ist, dass alle drei Jahre ein Audit nach Gesetz stattfindet. Allerdings werden in den Zwischenzeiten weitere Audits intern und extern durchzuführen sein. Es empfiehlt sich deshalb ein Auditmanagement mit eigenen Verantwortlichen einzuführen. Dies kann z. B. in Kombination mit dem Qualitätsmanagement etabliert werden, um so Synergien in den bisherigen Strukturen zu nutzen (Abb. 4.1).

- **First-Party-Audit:** Eine interne Überprüfung durch die Organisation selbst, um die Einhaltung eigener Standards und Prozesse sicherzustellen.
- **Second-Party-Audit:** Eine Überprüfung durch den Kunden oder Auftraggeber, um die Konformität des Lieferanten mit vertraglichen Anforderungen zu bewerten.
- **Third-Party-Audit:** Eine unabhängige externe Prüfung durch eine akkreditierte Stelle, um die Einhaltung von Normen oder gesetzlichen Vorgaben zu bestätigen.

4.1.1 Auditobjekte der First-Party-Audits (interne Audits)

Diese häufigsten Audits dienen der internen Selbsteinschätzung. und sind Bestandteil eines wirksamen Governance-, Risiko- und Kontrollsystems. Typische Auditobjekte sind:

- Führungsstrukturen (GL-Vorstandsbeschlüsse, Rollen, Verantwortlichkeiten)
- Risikostatus (Risikoanalysen mit Priorisierung)
- Sicherheitsorganisation (Incident Response, Eskalation, Notfallmanagement)
- Dokumentation und Nachweismanagement (VAs/SOPs, Schulungen, Wissenstests, Awareness-Maßnahmen)
- PDCA-Konzepte und Wirksamkeitskontrollen

Kostenaspekte: Interne Audits erzeugen primär eigenen Personalaufwand in der Einrichtung. Die korrespondierenden Einsparungen in externen Audits sind dabei meist signifikant.

4.1.2 Auditobjekte von Second-Party-Audits (Lieferanten- und Partneraudits)

Diese Fremd-Audits beziehen sich wesentlich auf Lieferanten und externe Dienstleister. Typische Auditobjekte sind:

- Identifikation und Einordnung kritischer Partner
- Abhängigkeitsrisiken für Lieferanten und Dienstleister
- NIS-2 relevante Vertragsbestandteile
- Zuordnung Verantwortungsbereiche bei Sicherheitsvorfällen
- Nachweis-Dokumentationen im NIS-2 Kontext

Kostenaspekte: Anzahl und Kritikalität der Dienstleister sind wesentliche Treiber des Auditumfangs und der externen Auditkosten, insbesondere bei Universitätskliniken.

4.1.3 Auditobjekte von Third-Party-Audits (externe Audits)

Die externen und offiziellen Audits haben die größten Auswirkungen im Gesundheitswesen. Sie repräsentieren eine unabhängige Bewertung der NIS-2-Compliance dar. Sie sind die Grundlage für aufsichtsrechtliche und prüfungsbezogene Nachweise. Typische Auditobjekte sind:

- Beschlüsse der Leitungsverantwortung nach Art. 20 NIS-2
- NIS-2 Umsetzungsreife nach Art. 21 NIS-2
- Nachweise der arbeitsplatzspezifischen Schulungen
- Incident- und Meldeprozesse
- Business-Continuity- (BCM) und Krisenmanagement
- Integration von Second-Party-Audit-Protokollen
- Konsistenz, Aktualität und Revisionssicherheit der Dokumentation

Kostenaspekte: Third-Party-Audits sind die kostenintensivste Prüfungskategorie. Die Kosten für die externen Prüfer bezahlen die Einrichtungen selbst. Diese Aufwendungen können mittlere bis größere 5-stellige Euro-Beträge ausmachen.

Zusammenfassung
Die Auditkosten nach NIS-2 sind eine wesentliche Budgetposition, auf die die meisten Versorger nicht vorbereitet sind. Für alle Auditkategorien stehen Checklisten zur Vorbereitung zur Verfügung. Je nach Kapazität kann es sinnvoll sein, einen externen Berater einzuschalten, der gezielt interne Audits zur Kostenreduzierung durchführt.

4.2 Audit Planung

Beispiel Auditplanung Krankenhaus

Jahr 1

Q1	Erstellung eines 3–5 Jahresplans für konsolidierte Audits
Q2	First-Party NIS-2 "Kick Off" Audit
Q3	Second-Party Lieferketten-Audit
Q4	**Third-Party NIS-2-Audit (z. B. Basis Anforderungen)**

Jahr 2

Q1	Second-Party-Audit Lieferketten-Audit Teil 2 (Medizintechnik)
Q2	Second-Party-Audit
Q3	First-Party NIS-2 PDCA-Audit & QM-Audit (z. B. ISO 9001)
Q4	First-Party DSGVO-Audit

Jahr 3

Q1	Second-Party Lieferketten-Audit
Q2	Second-Party Medizintechnik-Audit (incl. Hochrisiko-KI)
Q3	First-Party Vorbereitungs-Audit für Third
Q4	**Third-Party NIS-2 Follow-Up Audit**

Jahr 4

Q1	First-Party Follow-Up Audit
Q2	Second-Party Lieferketten-Audit
Q3	First-Party QM-Audit
Q4	Second-Party Medizintechnik-Audit (incl. Hochrisiko KI)

4.3 Auditkosten nach NIS-2:

Die Kalkulation von Auditkosten im Rahmen der NIS-2-Richtlinie hängt in großen Krankenhäusern nicht primär von der Größe der Einrichtung, sondern von der organisatorischen und funktionalen Komplexität des zu prüfenden Systems ab. NIS-2-Audits erfassen dabei nicht lediglich technische Sicherheitsmaßnahmen, sondern prüfen Governance-Strukturen, Leitungsverantwortung, Risikomanagement, Notfallorganisation und Lieferkettensteuerung organisationsweit. Der Umfang, die Tiefe und die Dauer eines Audits – und damit dessen Kosten – steigen daher proportional zur institutionellen Komplexität der Einrichtung.

Bei Universitätskliniken ist dieser Audit-Aufwand regelmäßig höher als bei anderen großen Krankenhäusern. Ursache ist die strukturelle Verschränkung von Patientenversorgung, Forschung und Lehre innerhalb einer Organisation. NIS-2-Audits müssen hier neben dem klinischen Betrieb auch Forschungs-IT, Studiendaten, Drittmittelprozesse, internationale Kooperationen sowie industrie- und cloudbasierte Dienstleister einbeziehen. Jeder dieser Bereiche erweitert den Prüfungsumfang um zusätzliche Interviewpartner, Dokumentationsanforderungen, Risikoanalysen und Nachweisketten. Für die Auditkosten bedeutet dies eine erhöhte Zahl an Prüftagen, eine größere methodische Tiefe sowie einen höheren Koordinations- und Vorbereitungsaufwand – sowohl intern als auch extern.

Große Maximalversorger ohne universitären Auftrag weisen demgegenüber ebenfalls einen hohen, jedoch funktional enger begrenzten Audit-Scope auf. Zwar sind auch sie durch Mehrstandortstrukturen, hochdigitalisierte medizinische Systeme und komplexe Lieferketten geprägt, die NIS-2-Audits ausweiten. In der Regel entfallen jedoch zusätzliche Prüffelder aus Forschung, Drittmittelverwaltung und internationaler Studienkooperation. Der Auditfokus liegt stärker auf Versorgungskontinuität, medizinischen Kernsystemen, IT-Betrieb und organisationsbezogener Governance. Dadurch ist der Umfang der Prüfhandlungen höher als bei kleineren Krankenhäusern, aber geringer und klarer abgrenzbar als bei Universitätskliniken.

Ein weiterer wesentlicher Kostentreiber ist der Reifegrad bestehender Governance- und Managementsysteme. Einrichtungen mit integrierten ISMS-, QM- und Risikomanagementstrukturen können NIS-2-Audits überwiegend als Verifikations- und Stichprobenprüfungen durchführen lassen. Kliniken mit teilformalisierten oder historisch fragmentierten Strukturen erzeugen hingegen im Audit zusätzliche Klärungs-, Strukturierungs- und Nacharbeitsschleifen, die den externen Prüfaufwand messbar erhöhen. Für die Kalkulation bedeutet dies, dass Auditkosten nicht pauschal, sondern reifegradabhängig anzusetzen sind.

Aus kalkulatorischer Sicht folgt daraus, dass Universitätskliniken systematisch in einer höheren NIS-2-Auditkostenklasse liegen als andere große Krankenhäuser vergleichbarer Größe. Diese Differenz ist keine Frage der Effizienz, sondern das Ergebnis eines erweiterten gesetzlichen Prüfgegenstands. Eine sachgerechte Kostenplanung erfordert daher ein gestuftes Modell, das Auditkosten entlang von Organisations-, Forschungs- und Governance-Komplexität differenziert und den erweiterten Prüfungsumfang universitärer Einrichtungen explizit berücksichtigt.

NIS-2 in Forschung & Lehre 5

„Forschung & Lehre go digital" ist ein Motto der nächsten fünf bis 10 Jahre. Das aber setzt sichere organisatorische, rechtliche und technische Strukturen voraus. Damit kommt NIS-2 in der akademischen Welt ins Spiel. Digitale Plattformen sind bereits ab 2025 in begrenzter Ausprägung in Forschung und Lehre Realität. Allerdings fehlen häufig sichere Rahmenbedingungen. Der Austausch von Studiendaten erfolgt in vielen Kooperationen von Universitätskliniken und Industriepartner immer noch wie vor 10 Jahren. Die beteiligten Ärzte fühlen sich nicht verantwortlich, sondern verweisen auf „IT-Experten", die dazu ausgebildet und eingestellt wurden. In diesem Kontext verändert NIS-2 die Sichtweise und macht die rechtlich dokumentierte Führungsebene uneingeschränkt verantwortlich.

Wirtschaftliche Kriterien spielen in der medizinischen Versorgung eine zunehmend große Rolle, gerade auch für Universitätskliniken und Maximalversorger-Krankenhäuser. Die drei Umsatzsegmente (Versorgung, Forschung und Lehre) haben unterschiedliche Entwicklungsperspektiven, speziell auch unter den Gesichtspunkten der Digitalisierung:

- Medizinische und pflegerische Versorgung
- Forschung mit Schwerpunkt Studien
- Lehre und Ausbildung

Die Anteile variieren nach Größe und Leistungsspektrum und sind deshalb nur Trendwerte:

C. Wente-Waedlich et al., *NIS-2 für Universitätskliniken und große Krankenhäuser*, essentials, https://doi.org/10.1007/978-3-662-74221-1_5

- Medizinische und pflegerische Versorgung
  - Umsatzanteil 70–75 %
  - Deckungsbeitrag 4–5 %
  - Digitalisierungsrelevanz: hoch
  - NIS-2: Dokumentation, CDSS
- Forschung mit Studien
  - Umsatzanteil 20–25 %
  - Deckungsbeitrag 25–30 %
  - Digitalisierungsrelevanz: sehr hoch
  - NIS-2: Studienplattform, Monitoring
- Lehre und Ausbildung
  - Umsatzanteil 3–4 %
  - Deckungsbeitrag 0 % oder negativ
  - Digitalisierungsrelevanz: niedrig
  - NIS-2: Schulungsplattform, Simulationsanwendungen

Insgesamt erwirtschafteten Universitätskliniken 2025 ca. 5,2–5,5 Mrd. € mit Forschungsleistungen (Drittmittelvolumen). Die Daten ergeben sich aus einer statistisch evaluierten Hochrechnung der veröffentlichten Daten der Universitätskliniken in Berlin (Charité), Heidelberg, München (LMU), Freiburg und Hamburg (UKE). Bei einer jährlichen Wachstumsrate von 5 % + (CAGR – Compound Annual Growth Rate) ergibt sich für 2030 ein Volumen von über 7,0 Mrd. €.

Damit kann der Forschungsbereich der Universitätskliniken zunehmend zu einem starken „Profit-Center" werden. Voraussetzungen dafür:

- Sichere Datenstrukturen auf NIS-2 Grundlage (Audit Monitoring Checkliste)
- Hohe Datenqualität durch strukturierte Standards (SNOMED, LOINC, etc.)
- Systematischer Einsatz von Künstlicher Intelligenz (nach KI-VO)
- Strikte Einhaltung der Regulatorik (z. B. DSGVO)

Die Digitalisierungsstrukturen einer Universitätsklinik werden zu einem wesentlichen Faktor im Wettbewerb.

6 GRC- Governance, Risk, Compliance

Große Krankenhäuser, Universitätskliniken und Einrichtungen der Maximalversorgung gehören zu den organisatorisch komplexesten Institutionen des Gesundheitswesens. Sie vereinen hochkritische medizinische Versorgung mit umfangreichen administrativen Strukturen, Forschung und Lehre, komplexen IT- und Medizintechniklandschaften sowie einer stetig wachsenden Dichte an gesetzlichen und regulatorischen Anforderungen. In diesem Umfeld gewinnt ein integriertes Governance-, Risk- & Compliance-Management (GRC) eine strategische Schlüsselrolle.

GRC bildet den strukturellen Rahmen, um Führung, Risikosteuerung und Regelkonformität ganzheitlich zu organisieren. Es ersetzt isolierte Einzelmaßnahmen durch ein systematisches, nachvollziehbares und steuerbares Gesamtmodell. Dabei ist GRC weniger als Kontrollinstrument zu verstehen, sondern vielmehr als Führungs- und Managementansatz, der Transparenz schafft, Entscheidungsqualität verbessert und die Organisation langfristig stabilisiert.

Ein wesentlicher Vorteil eines etablierten GRC-Systems liegt in der klaren Zuordnung von Verantwortung und Entscheidungsbefugnissen. Gerade in großen Kliniken mit dezentralen Strukturen reduziert GRC-Unklarheiten darüber, wer für Risiken, Regelverstöße oder Krisen verantwortlich ist. Entscheidungen werden nicht mehr reaktiv oder personenabhängig getroffen, sondern folgen definierten Prozessen, die dokumentiert, überprüfbar und reproduzierbar sind. Dies erhöht sowohl die interne Steuerungsfähigkeit als auch die externe Nachweisbarkeit gegenüber Aufsichts- und Prüfbehörden.

Darüber hinaus schafft GRC eine konsolidierte Sicht auf Risiken. Klinische, technische, organisatorische und rechtliche Risiken werden nicht isoliert betrach-

C. Wente-Waedlich et al., *NIS-2 für Universitätskliniken und große Krankenhäuser*, essentials, https://doi.org/10.1007/978-3-662-74221-1_6

tet, sondern in einem gemeinsamen Kontext bewertet. Dadurch können Wechselwirkungen, etwa zwischen IT-Ausfällen und medizinischer Versorgungssicherheit, erkannt und angemessen priorisiert werden. Für die Leitungsebene entsteht damit ein belastbarer Überblick über die tatsächliche Risikolage der Organisation, der strategische Entscheidungen unterstützt.

Auch im Hinblick auf regulatorische Anforderungen bietet ein integriertes GRC-System erhebliche Vorteile. Mit dem Inkrafttreten der NIS-2-Richtlinie sowie einer zunehmend strengeren Durchsetzung weiterer Rechtsgebiete wie Datenschutz, Medizinprodukterecht oder Vergaberecht steigen die Anforderungen an formale Nachweise, Dokumentation und Organisationssorgfalt deutlich an. Ein strukturiertes GRC-System ermöglicht es, diese Anforderungen nicht isoliert, sondern integriert zu adressieren. Dadurch verringert sich der organisatorische Aufwand, während gleichzeitig die persönliche Haftung der Geschäfts- oder Klinikleitung reduziert wird.

Neben den strategischen und rechtlichen Vorteilen ergeben sich auch messbare wirtschaftliche Effekte. Durch frühzeitige Risikoidentifikation und klare Entscheidungsprozesse lassen sich kostspielige Fehlentscheidungen, Betriebsunterbrechungen oder Eskalationen vermeiden. Schäden infolge von Cyberattacken oder IT-Vorfällen fallen geringer aus, da Reaktionswege und Verantwortlichkeiten definiert sind.

Mittel- und langfristig wirken sich GRC-Strukturen positiv auf die Wirtschaftlichkeit aus. Stabilere Prozesse, geringere Ausfallzeiten, verbesserte Prüfungsfähigkeit und eine konsistente Außendarstellung gegenüber Behörden, Partnern und Fördermittelgebern tragen zur nachhaltigen Sicherung des Krankenhausbetriebs bei.

Mit Blick auf die Zukunft wird GRC weiter an Bedeutung gewinnen. Zunehmende Digitalisierung, steigende regulatorische Anforderungen und eine höhere Verantwortung der Leitungsebene erfordern robuste Steuerungssysteme. Moderne GRC-Ansätze werden stärker daten- und kennzahlenbasiert, digital unterstützt und enger mit Controlling-, IT- und Kliniksystemen verzahnt sein.

Zusammenfassend ist GRC ein zentrales Managementinstrument für große Krankenhäuser und Kliniken. Es erhöht Transparenz, reduziert Risiken und Kosten und stärkt die Zukunftsfähigkeit der Organisation in einem zunehmend anspruchsvollen und dynamischen Umfeld.

7 ISMS-Anforderungen

Ein Informationssicherheitsmanagementsystem (ISMS) ist der organisatorische Rahmen, mit dem ein Krankenhaus oder eine Klinik wichtige Verpflichtungen gemäß NIS-2 in der Praxis erfüllt. Es ist nicht als Software, sondern als Steuerungssystem zu verstehen. Es ist ein definiertes Set an Richtlinien, Rollen, Prozessen und Aufzeichnungen, das gemeinsam sicherstellt, dass die Einrichtung weiß, was sie schützt. Die Risiken müssen identifiziert und angemessene Kontrollmaßnahmen implementiert werden. All dies ist notwendig, um es dem BSI auf Anfrage nachweisen zu können (Abb. 7.1).

C. Wente-Waedlich et al., *NIS-2 für Universitätskliniken und große Krankenhäuser*, essentials, https://doi.org/10.1007/978-3-662-74221-1_7

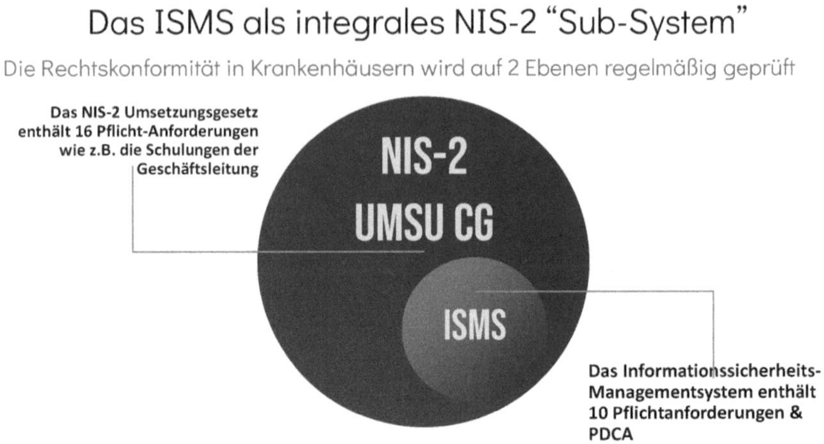

Abb. 7.1 ISMS als integrales NIS-2 „Sub-System"

7.1 Auswahl des Rahmens für das ISMS

ISO 27001:2022 ist der international anerkannte Standard, der in englischer Sprache verfügbar und Wirtschaftsprüfern sowie Partnerinstitutionen weltweit vertraut ist. Institutionen mit einer bestehenden ISO 27001-Zertifizierung sollten darauf aufbauen, anstatt von vorn zu beginnen.

Der BSI IT-Grundschutz ist der deutsche nationale Rahmen, der vom BSI herausgegeben wurde und aktualisiert wird. Er ist spezifischer und orientiert sich stärker an den Erwartungen der BSI-Aufsichtsbehörden. Einrichtungen, die neu in der formalen IT-Sicherheitsführung sind oder einen signifikanten Anteil an klinischer IT aufweisen, finden darin möglicherweise den besseren Ausgangspunkt.

Beide Ansätze werden vom BSI empfohlen und anerkannt. Die Wahl des einen schließt die Verwendung von Modulen des anderen nicht aus. Krankenhäuser müssen zudem den branchenspezifischen B3S-Gesundheitsstandard gemäß § 30(9) BSIG einhalten, unabhängig davon, welchen primären Rahmen sie wählen.

In großen Krankenhäusern und Kliniken ist ein konzernweit ausgerichtetes Informationssicherheitsmanagementsystem (ISMS) die Struktur für eine einheitliche Steuerung von Sicherheits-, Risiko- und Compliance-Anforderungen. Aufgrund der meist heterogenen Organisationen mit einigen rechtlich unabhängigen und häufig kleinen Tochtergesellschaften ist dabei eine angemessene, ressourcenschonende Umsetzung erforderlich.

Der seit April 2026 verfügbare Standard VdS 10100 eignet sich hierzu besonders, da er eine skalierte, risikoorientierte Integration vorsieht. Zentrale Governance-, Methodik- und Richtlinienstrukturen werden auf Ebene der Universitätsklinik realisiert. Die Tochtergesellschaften bilden dagegen nur ihre spezifischen Strukturen, Prozesse, Risiken und Schnittstellen ab. So lassen sich Sicherheitsanforderungen rechtskonform umsetzen, ohne für jede Organisationseinheit ein komplexes ISMS aufzubauen. VdS 10100 unterstützt damit ein wirtschaftliches ISMS-Design, das Audit-, Dokumentations- und Personalaufwände reduziert. In diesem Kontext stehen auch spezielle VdS 10100 Konzepte für das Gesundheitswesen zur Verfügung (www.nis-2-akademie.de).

7.2 Informationssicherheitsrichtlinien

Jedes ISMS beginnt mit einer schriftlichen Richtlinie, die die Institution zum Schutz ihrer Informationssysteme verpflichtet, Verantwortlichkeiten festlegt und die einzuhaltenden Regeln definiert. Dies ist in § 30 Abs. 2 Nr. 1 BSIG vorgeschrieben. Gemäß § 38 BSIG muss die Richtlinie formell von der Leitung und nicht nur von der IT-Abteilung genehmigt und mindestens jährlich überprüft werden.

Die übergeordnete Richtlinie wird durch kürzere, zielgerichtete Richtlinien ergänzt, die die wichtigsten Risikobereiche abdecken. Krankenhäuser und Universitätskliniken sollten Richtlinien führen, die mindestens Antworten auf die folgenden Fragen beinhalten:

- Wie werden Sicherheitsrisiken identifiziert und gemanagt (die Risikomanagementrichtlinie)?
- Wer darf auf welche Systeme zugreifen und unter welchen Bedingungen (die Zugriffskontrollrichtlinie)?
- Wie müssen sensible Informationen verschlüsselt werden (die Kryptografie Richtlinie)?
- Was zu tun ist, wenn etwas schiefgeht (die Richtlinie zur Reaktion auf Zwischenfälle)?
- Wie können die Systeme im Falle einer Störung weiterlaufen (die Geschäftskontinuitätsrichtlinie – auch BCM Business Continuity Management genannt)?
- Wie wird die Sicherheit externer Lieferanten bewertet und gesteuert (die Lieferkettensicherheitspolitik)?

Richtlinien sind nur dann wirksam, wenn die Mitarbeitenden von ihrer Existenz wissen und sie finden können. Krankenhäuser sollten sicherstellen, dass das klinische Personal, von dem viele Richtliniendokumente nie lesen werden, durch gezielte Schulungen und in den Arbeitsablauf integrierte Anleitungen erreicht wird, anstatt sie nur im Intranet zu veröffentlichen.

Die Umsetzung der Informationssicherheitsrichtlinie ist durch einen ausführlichen Beschluss der Geschäftsleitung offiziell zu dokumentieren. Erst dadurch wird NIS-2 rechtskonform in der Einrichtung in Kraft gesetzt. Rund um den Einsatz des ISMS und der Richtlinie sind umfassende Verfahrensanweisungen (VAs) zu entwickeln. Nur so kann sichergestellt werden, dass die Mitarbeitenden wissen, wie sie die Informationssicherheit auch tatsächlich gewährleisten können.

7.3 Risikomanagement

Das Risikomanagement ist der Kern des ISMS. Jede vom Institut implementierte Kontrollmaßnahme muss auf ein dokumentiertes Risiko zurückführbar sein: ein potenzielles Risiko, eine Einschätzung seiner Eintrittswahrscheinlichkeit und seines Schweregrades sowie eine Entscheidung über die zu bewältigenden Maßnahmen. § 30 Abs. 1 des BSIG fordert risikobasierte und verhältnismäßige Maßnahmen. Das bedeutet, dass das BSI die Risikobewertung erwartet, die die implementierten Kontrollmaßnahmen rechtfertigt.

Die Risikobewertung muss alle Gefahren berücksichtigen. NIS-2 beschränkt sich nicht nur auf Cyberangriffe. Stromausfälle, Brände und Überschwemmungen. Es wird nämlich nicht nur von externen Angreifern ausgegangen, sondern auch menschliches Versagen und besonders Fehler von autorisiertem Personal werden eingeschlossen. Aktuelle Studien (IBM, ENISA, Gartner) zeigen, dass 70–80 % aller IT-Störfälle auf menschliches Versagen zurückzuführen sind. Sabotage und vorsätzliche Handlungen liegen im Bereich von 2–10 %. Technische Ursachen machen typischerweise 10–20 % aus.

Für Krankenhäuser bedeutet dies, dass die gesamte klinische Umgebung einbezogen wird: Vernetzte medizinische Geräte, Gebäudeleittechnik und die Anbindung an die Telematikinfrastruktur (TI) müssen zusammen mit der administrativen IT bewertet werden.

Drei praktische Punkte sind besonders für Krankenhäuser und Universitäten wichtig:

- Für ältere Anlagen sind kompensatorische Kontrollmaßnahmen erforderlich, nicht deren Akzeptanz. Wenn ein Medizinprodukt oder ein Forschungsgerät nicht aktualisiert werden kann, weil der Hersteller es nicht mehr unterstützt, ist die richtige Vorgehensweise, es in einem separaten Netzwerksegment zu isolieren und engmaschig zu überwachen. Es ist somit nicht damit getan, nur eine Risikoakzeptanzentscheidung zu dokumentieren und zur Tagesordnung überzugehen. Das BSI akzeptiert Letzteres nicht.
- Die Risikobewertung muss stets aktuell sein. Eine einmalig erstellte und nie aktualisierte Risikobewertung genügt nicht den Anforderungen. Die Bedrohungslandschaft und die Systeme der Institution verändern sich; die Bewertung muss beides berücksichtigen.
- Die Dokumentation muss einer genauen Prüfung standhalten. Das BSI kann und wird die Risikobewertung einsehen wollen. Sie muss methodisch aufgebaut sein, Quellenangaben enthalten und einen klaren Bezug zu den vom Universitätsklinikum, Krankenhaus oder Maximalversorger implementierten Kontrollmaßnahmen aufweisen.

7.4 Asset Management

Eine Institution kann nur schützen, was sie kennt. Asset Management ist die systematische Erfassung und Klassifizierung aller Ressourcen, auf die sich die Institution zur Erbringung ihrer Dienstleistungen stützt. Damit wird die Grundlage für die Risikobewertung und alle daraus resultierenden Kontrollmaßnahmen gebildet.

Für Krankenhäuser muss die Bestandsaufnahme der IT-Anlagen weit über Serverraum und Desktop-Computer hinausgehen. Sie muss vernetzte medizinische Geräte (Infusionspumpen, Patientenmonitore, Bildgebungssysteme, Beatmungsgeräte), vernetzte Gebäudemanagementsysteme und alle von den klinischen Abteilungen genutzten Cloud-Dienste umfassen, einschließlich solcher, die informell und ohne Beteiligung der zentralen IT-Abteilung beschafft wurden. Das Auffinden nicht registrierter und „ungepatchter" Geräte in klinischen Netzwerken gehört zu den häufigsten und damit bedeutendsten Ergebnissen von NIS-2-Bereitschaftsprüfungen.

Für Universitäten liegt die Herausforderung in der Vielfalt der IT-Ressourcen über Fakultäten und Forschungsgruppen hinweg. Mit Projektmitteln angeschaffte Geräte, Cloud-Speicherabonnements auf persönlichen Konten und Rechenressourcen in Forschungslaboren fallen alle unter die NIS-2-Entitätsgrenzen, selbst wenn die zentrale IT-Abteilung noch nie davon gehört hat.

Ein unkomplizierter Registrierungsprozess, der es Forschenden ermöglicht, die zentrale IT-Abteilung einfach über neue Ressourcen zu informieren, unterstützt durch regelmäßige Netzwerkscans, ist effektiver als der Versuch, die gesamte Beschaffung zu zentralisieren.

Jedem Asset muss ein namentlich genannter Verantwortlicher zugewiesen werden: jemand, der für dessen Sicherheit, Aktualisierung und die Meldung von Änderungen an den CISO (Chief Information Security Officer) zuständig ist. Die Zuständigkeit nach Rolle oder Berufsbezeichnung, nicht nach Namen, gewährleistet Kontinuität bei Personalwechseln.

7.5 Zugriffs- und Identitätsmanagement

Das Grundprinzip der Zugriffsverwaltung ist einfach: Jede Person und jedes System sollte nur Zugriff auf das haben, was sie wirklich benötigt, und nichts darüber hinaus.

Komplexer ist es jedoch, dies konsequent für die Tausenden von Nutzern und Hunderte von Systemen umzusetzen, die in einem großen Krankenhaus oder einer Universitätsklinik betrieben werden.

Im § 30 Abs. 2 Nr. 10 BSIG schreibt die Multifaktor-Authentisierung (MFA) vor. MFA bedeutet, dass für die Anmeldung mehr als ein Passwort erforderlich ist. Typischerweise ist es ein Passwort in Kombination mit einem Code, der an ein Mobiltelefon gesendet oder von einem Hardware-Token generiert wird. Dadurch wird das Risiko, dass Angreifer kompromittierte Zugangsdaten verwenden, erheblich reduziert.

Krankenhäuser stehen vor einer echten Herausforderung. Von einer Krankenschwester im Nachtdienst, die sofortigen Zugriff auf die Medikamentenakte eines Patienten benötigt, kann nicht erwartet werden, dass sie auf jedem Bildschirm einen mehrstufigen Anmeldeprozess durchläuft. Diese Problematik ist real, und das BSI erkennt sie an. Die Lösung besteht nicht darin, auf die Multifaktor-Authentisierung zu verzichten, sondern sie so zu implementieren, dass sie zum klinischen Umfeld passt.

Ausnahmen für klinische Arbeitsabläufe müssen in der Zugriffskontrollrichtlinie mit expliziter Begründung dokumentiert werden. Eine nicht dokumentierte Umgehungslösung stellt eine Compliance-Lücke dar. Dagegen gewährleistet eine dokumentierte Ausnahme mit kompensierenden Kontrollen die Einhaltung der Vorschriften.

Die Prozesse für den Eintritt, die Versetzung und den Austritt von Mitarbeitenden und Studierenden müssen, wo immer möglich, automatisiert werden. Zugriffsrechte, die nach dem Ausscheiden einer Person aktiv bleiben oder bei einem Rollenwechsel nicht aktualisiert werden, stellen ein erhebliches Sicherheitsrisiko dar. Der Prozess zum Entzug von Zugriffsrechten am Tag des Ausscheidens muss zuverlässig und schnell sein (Verfahrensanweisung Offboarding).

7.6 Patch- und Schwachstellenmanagement

Die meisten erfolgreichen Cyberangriffe nutzen bereits identifizierte Schwachstellen aus, für die es Lösungen gibt. Software und Systeme stets auf dem neuesten Stand zu halten, ist daher eine der effektivsten Sicherheitsmaßnahmen und in komplexen Umgebungen eine der anspruchsvollsten.

Die Verpflichtung gemäß § 30 Abs. 2 Nr. 5 BSIG besteht darin, Schwachstellen systematisch zu beheben: Sie sind durch regelmäßige Scans und die Überwachung von Sicherheitswarnungen zu identifizieren, nach Risiko zu priorisieren und innerhalb festgelegter Fristen zu beheben. Kritische Schwachstellen in Systemen mit Internetzugang erfordern eine Behebung innerhalb von Stunden, nicht Wochen.

Krankenhäuser stehen vor einer besonderen Herausforderung: Klinische Geräte lassen sich oft nicht ohne die Beteiligung des Herstellers aktualisieren, und einige ältere Geräte sind überhaupt nicht mehr updatefähig. Die richtige Antwort darauf ist die Führung eines separaten Nachverfolgungsregisters für diese Geräte, die Anwendung kompensierender Maßnahmen (Netzwerkisolierung und erweiterte Überwachung) sowie die Abstimmung mit dem Einkauf und der klinischen Leitung hinsichtlich eines realistischen Austauschzeitplans.

Universitäten müssen die Sicherheitsmaßnahmen über die Standard-IT hinaus auf Forschungsumgebungen ausweiten. Open-Source-Forschungswerkzeuge, Softwareabhängigkeiten und kundenspezifischer Forschungscode stellen potenzielle Angriffsflächen dar. Dies haben viele Vorfälle mit weit verbreiteten Open-Source-Komponenten gezeigt.

7.7 Backup- und Wiederherstellungsstrategien

Schadsoftware, auch Ransomware genannt, die Daten von Organisationen verschlüsselt und ein Lösegeld für die Entschlüsselung fordert, stellt derzeit die größte Cyberbedrohung für deutsche Krankenhäuser dar. Mehrere große deutsche Krankenhäuser waren tagelang oder wochenlang von einem kompletten Stillstand des Betriebs betroffen, was zu Patientenumleitungen, abgesagten Operationen und der Rückkehr zu Papierakten führte. Eine robuste Backup- und Wiederherstellungsstrategie ist daher die wichtigste Verteidigungsmaßnahme.

Der § 30 Abs. 2 Nr. 3 BSIG fordert geprüfte Backup- und Wiederherstellungsverfahren mit definierten Wiederherstellungszielen. „Geprüft" ist hierbei entscheidend: Ein Backup, das nie anhand eines realen Wiederherstellungsszenarios verifiziert wurde, bietet keinen zuverlässigen Schutz.

Die drei wesentlichen Punkte sind:

- Eine Offline oder unveränderliche Sicherungskopie ist unerlässlich. Ransomware verschlüsselt routinemäßig mit dem Netzwerk verbundene Sicherungssysteme. Mindestens eine Kopie kritischer Daten muss an einem Ort gespeichert werden, der für einen Angreifer, der das Krankenhausnetzwerk kompromittiert hat, unzugänglich ist. Hier kann beispielsweise ein Offline-Medium oder in einem unveränderlichen Cloud-Speicher, der nicht aus der Ferne gelöscht oder verschlüsselt werden kann, genommen werden.
- Es wurden Wiederherstellungszeitvorgaben (RTOs) definiert. Wie lange darf das Krankenhausinformationssystem (KIS) ausfallen, bevor die Patientensicherheit gefährdet ist? Wie lange dauert es, bis Untersuchungsdaten an einer Universität unwiederbringlich verloren sind? Diese Fragen müssen von der klinischen und akademischen Leitung beantwortet werden, nicht allein von der IT-Abteilung. Die Backup-Architektur muss so konzipiert sein, dass sie diese Antworten ermöglicht.
- Regelmäßige, dokumentierte Wiederherstellungsübungen sind unerlässlich. Diese sollten mindestens zweimal jährlich für kritische Systeme durchgeführt werden.
  - Daten aus der Datensicherung wiederherstellen, Integrität prüfen, Wiederherstellungszeit messen und Ergebnis protokollieren.
  - Fehler sollten sofortige Maßnahmen zur Fehlerbehebung und nicht nur beruhigende Worte nach sich ziehen.

7.8 Sicherheit in der Lieferkette

Moderne Krankenhäuser und Universitäten arbeiten vernetzt. Klinische Informationssysteme, Diagnosegeräte, Cloud-Plattformen, Managed-IT-Services, Laborinstrumente und Forschungsinfrastruktur werden von externen Anbietern bereitgestellt. Jede dieser Geschäftsbeziehungen stellt ein potenzielles Einfallstor in die Systeme der Einrichtung dar. Gemäß § 30 Abs. 2 Nr. 4 BSIG sind Einrichtungen verpflichtet, die Sicherheitsrisiken in diesen Lieferantenbeziehungen zu managen, nicht nur die ihrer eigenen internen Systeme.

In der Praxis bedeutet das drei Dinge:

- Verträge müssen Sicherheitsverpflichtungen enthalten. Lieferanten mit Zugriff auf institutionelle Systeme oder Daten müssen Mindestsicherheitsstandards zustimmen, sich verpflichten, die Institution unverzüglich über Sicherheitsvorfälle zu informieren und im Falle kritischer Lieferanten der Institution das Recht einräumen, ihre Sicherheitspraktiken zu überprüfen oder auf unabhängige Prüfberichte zuzugreifen.
- Lieferanten müssen vor und nach der Auftragsvergabe bewertet werden. Ein Cloud-Anbieter, der Patientendaten speichert, erfordert eine gründlichere Bewertung als ein Lieferant von gedruckten Formularen. Ein gestaffeltes Vorgehen, weniger streng für Lieferanten mit geringem Risiko und strenger für solche mit Zugriff auf kritische Systeme, gewährleistet ein verhältnismäßiges und überschaubares Programm.
- Krankenhäuser der KRITIS-Kategorie müssen kritische IKT-Komponenten (Informations- und Kommunikationstechnik) dem BSI melden. Abschnitt 41 der BSIG schreibt die Offenlegung der spezifischen Arten kritischer IKT-Komponenten bei der Registrierung vor.

Für Universitäten ist besondere Aufmerksamkeit auf internationale Forschungskooperationen geboten, da diese die Gewährung des Systemzugangs für Partner in Jurisdiktionen beinhalten können, die vom BSI als Quellen erhöhter staatlich geförderter Cyberbedrohungsaktivitäten identifiziert wurden.

7.9 Schulungen und Awareness-Maßnahmen

Selbst die ausgefeiltesten technischen Sicherheitsvorkehrungen können durch das Anklicken eines infizierten Links in einer E-Mail durch einen einzelnen Mitarbeiter umgangen werden. Gemäß § 30 Abs. 2 Nr. 7 BSIG ist eine grundlegende Schulung zur Cybersicherheit für alle Mitarbeitenden vorgeschrieben. § 38 BSIG geht noch weiter: Jedes Mitglied der Leitungsebene muss regelmäßig Schulungen absolvieren, die es ihm ermöglichen, Cybersicherheitsrisiken zu erkennen, deren Bedeutung einzuschätzen und die Reaktion der Institution darauf zu steuern. Dies ist eine persönliche, rechtliche Verpflichtung und kann nicht an die IT-Abteilung delegiert werden.

Wirksame Sensibilisierungsschulungen zeichnen sich durch drei Merkmale aus:

- Erstens sind sie rollenspezifisch. Eine Stationsschwester, ein Krankenhausverwalter und ein Forscher, der sensible klinische Studiendaten verarbeitet, sind unterschiedlichen Risiken ausgesetzt und benötigen daher maßgeschneiderte Schulungen. Ein generisches, jährlich stattfindendes E-Learning, das für alle gleich ist, wird das Verhalten kaum verändern und ist deshalb nicht NIS-2 konform.
- Zweitens werden die Schulungen wiederholt und gefestigt. Jährliche Schulungen sind das gesetzliche Minimum; die effektivsten Programme bieten kurze, regelmäßige Kontaktpunkte. Erinnerungen, Szenario-Updates und simulierte Phishing-E-Mails, die das tatsächliche Verhalten und nicht nur das Wissen testen.
- Drittens werden die Schulungen dokumentiert. Die Teilnahmebescheinigungen müssen geführt und der zuständigen Sicherheitsbehörde (BSI) zur Verfügung gestellt werden.

Für Leitungsorgane sollte der Schulungsinhalt zwar allgemeinverständlich, aber dennoch praxisnah sein. Das aktuelle Bedrohungsprofil der Einrichtungen und der Status des ISMS-Programms müssen transparent sein. Die rechtlichen Verpflichtungen und Haftungsbestimmungen gemäß § 38 BSIG sowie die konkreten Entscheidungen, die das Leitungsorgan zur Erfüllung dieser Verpflichtungen treffen muss, sollten allen bewusst sein. Es handelt sich hierbei nicht um eine Aufklärung über Kryptografie, sondern um eine praxisorientierte Schulung zur verantwortlichen Unternehmensführung.

7.10 Monitoring und Audit-Management

Ein ISMS ohne Überwachung agiert im Blindflug. § 30 Abs. 2 Nr. 6 des BSIG verpflichtet Institutionen, die Wirksamkeit ihrer Sicherheitsmaßnahmen zu bewerten. Das bedeutet, systematisch zu beobachten, was in ihren Systemen abläuft. Es gilt zu messen, ob die Kontrollen funktionieren, und die Einhaltung der implementierten Richtlinien zu überprüfen.

Technisches Monitoring, die Erfassung und Analyse sicherheitsrelevanter Protokolldaten aus allen Systemen der Einrichtung, bietet eine kontinuierliche Frühwarnfunktion, die Angriffe erkennt, bevor sie zu schwerwiegenden Vorfällen führen. Für Krankenhäuser muss dieses Monitoring klinische Systeme und angeschlossene medizinische Geräte umfassen und nicht nur das administrative IT-

Netzwerk. Einrichtungen, die nicht über die internen Kapazitäten für einen 24-Stunden-Überwachungsbetrieb verfügen, können dies an ein Managed Security Operations Center (SOC) auslagern. Der CISO muss jedoch die Kontrolle darüber behalten, was überwacht wird und wie Warnmeldungen eskaliert werden.

Das interne Auditprogramm führt regelmäßig strukturierte Bewertungen durch, um festzustellen, ob das Informationssicherheitsmanagementsystem (ISMS) wie vorgesehen funktioniert: Werden die Richtlinien eingehalten? Sind die Kontrollen vorhanden und wirksam? Ist die Risikobewertung aktuell? Die Prüfungsergebnisse werden dokumentiert, Maßnahmen zur Behebung zugewiesen und deren Abschluss verfolgt.

Eine kleine Auswahl aussagekräftiger Kennzahlen – nicht eine lange Liste von Statistiken – hilft dem Management, die Sicherheitslage der Institution schnell zu erfassen:

- Welcher Anteil bekannter kritischer Sicherheitslücken wurde innerhalb des vorgegebenen Zeitrahmens behoben?
- Welcher Anteil der Belegschaft hat die jährliche Schulung zur Sensibilisierung für Sicherheitsthemen abgeschlossen?
- Wie viele bedeutende Vorfälle wurden dem BSI gemeldet, und zwar alle innerhalb der 24-Stunden-Frist?
- Welcher Anteil der Systemlieferanten verfügt über eine aktuelle, abgeschlossene Sicherheitsbewertung in seinen Akten (Lieferketten Audit)?

7.11 Management Review

Die Managementbewertung bildet den Abschluss des Governance-Kreislaufs. Es handelt sich um die formelle Sitzung, mindestens einmal jährlich. in der das Leitungsorgan das ISMS-Programm überprüft. dessen Wirksamkeit bewertet, Entscheidungen über Risiken und Ressourcen trifft und seinen persönlichen Verpflichtungen gemäß § 38 BSIG nachkommt.

Dies ist von größerer Bedeutung, als es zunächst scheint. Gemäß § 38 Abs. 5 BSIG haften Mitglieder des Leitungsgremiums persönlich gegenüber der Institution für Schäden, die durch ihre mangelnden Pflichten hinsichtlich der Implementierung, Überwachung und Aufrechterhaltung des Wissens über das Cybersicherheits-Risikomanagementprogramm entstehen. Die Managementprüfung, insbesondere deren Dokumentation im Protokoll der Vorstandssitzung, ist der wichtigste Nachweis für die Erfüllung dieser Verpflichtung. Ein Protokollvermerk mit dem Hinweis „Cybersicherheits-Update erhalten“ bietet nahezu keinen

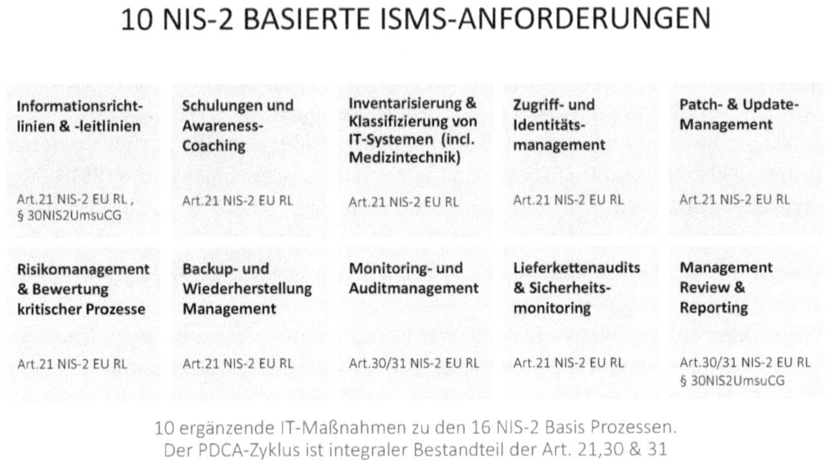

Abb. 7.2 Zehn NIS-2 basierte ISMS-Anaforderungen

Schutz. Ein Protokoll, das die geprüften Kennzahlen, die getroffenen Risikoentscheidungen, die genehmigten Ressourcen und die von den Mitgliedern des Leitungsgremiums absolvierten Schulungen dokumentiert, ist ein glaubwürdiger Nachweis für die Einhaltung der Vorschriften.

Die Managementbewertung sollte folgende Informationen berücksichtigen (Abb. 7.2):

- ISMS-Leistung im Vergleich zu den Schlüsselkennzahlen
- Zusammenfassung der Ergebnisse der internen Prüfung und des Status der Abhilfemaßnahmen
- Überprüfung bedeutender Vorfälle und daraus gezogener Lehren
- Veränderungen im Risikoumfeld seit der letzten Überprüfung
- Status der Lieferantensicherheitsbewertungen
- Abschluss der Schulung für Mitarbeiter und Führungskräfte
- Beurteilung, ob das Programm ausreichend finanziert ist

Zusammenfassung

Das ISMS ist ein Führungssystem, kein Softwareprodukt! Es muss das gesamte NIS-2-Anforderungsspektrum abdecken. Für Krankenhäuser umfasst die Norm alle klinischen Geräte und OP-Systeme. In Universitäten sind die IT-Abteilungen der Fakultäten und die Forschungsinformatik einzubeziehen.

Alle elf Bereiche dieses Kapitels sind gemäß § 30 BSIG rechtlich vorgeschrieben. Der Grundsatz der Verhältnismäßigkeit regelt die Art und Weise ihrer Umsetzung, nicht, ob sie umgesetzt werden.

Die Multifaktor-Authentisierung (MFA) ist obligatorisch. In klinischen Umgebungen muss sie durch workflowkompatible Lösungen, z. B. dokumentierte Notfallverfahren, implementiert und darf nicht umgangen werden.

Die Datensicherung muss mindestens eine Offline- oder unveränderliche Kopie enthalten. Datensicherungen, die nie getestet wurden, entsprechen nicht den Anforderungen.

Jedes Mitglied des Leitungsorgans hat gemäß § 38 BSIG eine persönliche rechtliche Verpflichtung. Der Protokolleintrag zur Managementprüfung ist der wichtigste Nachweis für die Erfüllung dieser Verpflichtung.

Die Abbildung bietet eine Kurzübersicht über die zehn ISMS-Domänen, die jeweils maßgebliche Rechtsvorschrift und die wichtigste Umsetzungsmaßnahme.

8 NIS-2 Beschlussfassung

8.1 Rechtsgrundlage und Anwendungen

Die Richtlinie (EU) 2022/2555 (NIS-2-Richtlinie) richtet sich unmittelbar an sogenannte wesentliche und wichtige Einrichtungen, und damit auch an alle großen Krankenhäuser. Adressaten der Norm sind auch Universitätskliniken, Maximalversorger und alle anderen großen Einrichtungen. Die Einrichtungen als Organisationen, vertreten durch die Geschäftsleitungen sind verantwortlich und nicht die einzelnen Fachabteilungen (Abb. 8.1).

C. Wente-Waedlich et al., *NIS-2 für Universitätskliniken und große Krankenhäuser*, essentials, https://doi.org/10.1007/978-3-662-74221-1_8

Die 16 NIS-2 primär Pflichten im Gesundheitswesen

Task Management	Grundlage	Prio	Verantwortlich	Frist	Nachweis
Prüfung & Dokumentation NIS-2 Betroffenheit	NIS2UmsuCG §33, §34	3	Rechtsabteilung	Start	Dokumentation Betroffenheit
BSI-Registrierung	NIS2UmsuCG §33	1	Verwaltungsabteilung	3 Mon.	Registrierungsbestätigung
Geschäftsleitungsschulung inkl. Haftung & Sanktionen	NIS2UmsuCG §38	1	Geschäftsleitung	jährlich	Schulungsnachweis
ISMS-Erweiterung & Implementierung	NIS2UmsuCG §30	2	IT-Abteilung	laufend	ISMS-Dokumentation
Durchführung Risikoanalyse	NIS2UmsuCG §30	1	Sicherheitsbeauftragte	jährlich	Risikoanalysebericht
Umsetzung technische Maßnahmen	NIS2UmsuCG §30	2	IT-Abteilung	laufend	Verfahrensanweisungen (VA)
Umsetzung organisatorische Maßnahmen	NIS2UmsuCG §30	2	Personalabteilung	laufend	Verfahrensanweisungen (VA)
Umsetzung rechtliche Maßnahmen	NIS2UmsuCG §31	2	Rechtsabteilung	laufend	Verfahrensanweisungen (VA)
Implementierung QM und DSGVO	NIS2UmsuCG §30	3	ISB, IT-Abteilung	laufend	Auditberichte, Nachweise
Etablierung Audit-Management	NIS2UmsuCG §30	2	Rechtsabteilung , QMB	jährlich	Auditplanungsdokument
Sicherstellung Finanzressourcen und Finanz-Controlling	NIS2UmsuCG §30	3	Geschäftsleitung	jährlich	Review-Protokoll
Planung und Etablierung Lieferkettensicherheit	NIS2UmsuCG §30	2	Einkaufsabteilung	laufend	Lieferantenbewertung
Einrichtung Notfall- und Wiederherstellungsprozesse	NIS2UmsuCG §30	1	IT-Abteilung	laufend	BCP-Dokument
Organisation NIS-2 Meldeprozesse	NIS2UmsuCG §38	2	Rechtsabteilung	Start	Verfahrensanweisungen (VA)
PDCA-Einrichtung (QMS)	NIS2UmsuCG §30	2	QMB	laufend	QMS

Innerhalb der ISMS-Verpflichtung (Art. 21ff NIS-2 RL) sind mindestens 10 Basis-IT-Elemente zu realisieren (analog zu KRITIS)

Abb. 8.1 Die 16 NIS-2 primär Pflichten im Gesundheitswesen

8.2 Verpflichtung der Leitungsebene gemäß Art. 20 NIS-2

Art. 20 NIS-2 verpflichtet ausdrücklich die Mitglieder des Leitungsorgans zur Genehmigung, Überwachung und Verantwortung der Cybersicherheitsmaßnahmen. Diese Verpflichtung begründet eine originäre Leitungspflicht, die nicht vollständig delegierbar ist. Die Einhaltung dieser Pflicht ist nur durch formelle Beschlussfassungen der Geschäftsleitung rechtssicher nachweisbar.

8.3 Strategische Steuerungs- und Organisationsverantwortung

Maßnahmen wie die Einführung eines Informationssicherheitsmanagementsystems, die Festlegung der Risikotoleranz, die Genehmigung von Notfallkonzepten oder die Steuerung der Lieferkettensicherheit stellen wichtige strategische Organisationsentscheidungen dar. Nach deutschem Gesellschafts-, Kommunal- oder Trägerrecht bedürfen solche Entscheidungen zwingend einer Beschlussfassung durch die Geschäftsleitung.

8.4 Verbindung zum deutschen Haftungs- und Organisationsrecht

Nach den Grundsätzen der Organhaftung (§ 43 GmbHG, § 93 AktG analog) ist die Geschäftsleitung verpflichtet, eine ordnungsgemäße Organisation sicherzustellen. Cyber-Risiken im Krankenhaus betreffen unmittelbar die Patientenversorgung und stellen existenzielle Risiken dar. Unterlassene oder nicht dokumentierte Leitungsentscheidungen können ein haftungsbegründendes Organisationsverschulden darstellen.

8.5 Besondere Schutz- und Sicherstellungspflicht im Krankenhaus

Krankenhäuser unterliegen einer besonderen Verpflichtung gegenüber Patientinnen und Patienten. Ein Ausfall informationstechnischer Systeme kann zu erheblichen Beeinträchtigungen der medizinischen und pflegerischen Versorgung führen. Beschlüsse der Geschäftsleitung zur Notfallvorsorge, Versorgungskontinuität und Krisenorganisation sind daher Teil der medizinischen Leitungsverantwortung.

8.6 Nachweis- und Prüfungsfunktion gegenüber Aufsichtsbehörden

NIS-2 sieht behördliche Überprüfungen und Kontrollen von internen Dokumentationen vor. Wirtschaftsprüfer verlangen von NIS-2 verpflichteten Einrichtungen regelmäßig nachvollziehbare, datierte und inhaltlich klare Beschlüsse der Geschäftsleitung als Nachweis der Erfüllung der Leitungspflichten. Maßnahmen ohne zugrunde liegende GL-Beschlüsse gelten als nicht revisions- und prüfungssicher.

Zusammenfassung
Die Geschäftsleitung eines Krankenhauses ist aus EU-rechtlichen, nationalen haftungsrechtlichen sowie versorgungsrechtlichen Gründen verpflichtet, Maßnahmen zur Umsetzung der NIS-2-Richtlinie ausdrücklich zu beschließen, deren Umsetzung zu überwachen und diese Beschlüsse nachvollziehbar zu dokumentieren. Ohne entsprechende GL-Beschlüsse ist eine NIS-2-Rechtskonformität nicht nachzuweisen.

9 Beispielfälle großer IT-Störfälle im Gesundheitswesen

9.1 Der KRITIS-Fall UKD

Der Cyber-Störfall an der Universitätsklinik Düsseldorf (UKD) gilt seit dem Jahr 2020 als Alarmsignal für die Regulierung der IT-Sicherheit im Gesundheitswesen und speziell in Krankenhäusern. Die ernste und tragische Entwicklung hat deutlich gemacht, dass es bei Cybersicherheit in der medizinischen Versorgung nicht nur um technische Einschränkung, sondern auch um Patientengesundheit und Menschenleben geht.

9.1.1 Protokoll des UKD-Falls

Aus den Erfahrungen in Düsseldorf wurden in den vergangenen Jahren einige regulatorische Vorgaben (über UP-KRITIS) abgeleitet. Das Protokoll der tragischen Entwicklungen:

- 10.9.2020
  - Das zentrale IT-System der Uniklinik Düsseldorf wird komplett lahmgelegt. Ausgangspunkt war eine dokumentierte Lücke in einer CITRIX Software.
  - Das interne Notfallsystem wird aktiviert.
- 11. 9. 2020
  - Die Reparaturversuche schlagen fehl und die Störungen weiten sich aus.
  - Notfallsysteme können den Krankenhausbetrieb nicht plangemäß aufrechterhalten.

C. Wente-Waedlich et al., *NIS-2 für Universitätskliniken und große Krankenhäuser*, essentials, https://doi.org/10.1007/978-3-662-74221-1_9

- 12.9.2020
  - Andere Versorger im Einzugsgebiet müssen über den Notstand informiert werden.
  - Rettungstransporte müssen umgeleitet werden. Längere Wartezeiten entstehen bis zur Erstversorgung von Patienten.
- 13.9.2020
  - Das Bundesamt für Sicherheit in der Informationstechnik (BSI) wird pflichtgemäß informiert (BSI-Gesetz).
  - Ein vom BSI beauftragtes mobiles Spezialisten Team unterstützt die IT-Abteilung vor Ort.
- 14.9.2020
  - Eine ausführliche Analyse stellt die genauen Ursachen des Störfalls fest
  - Eine CITRIX Software wird als primäre Ursache festgestellt und mit Experten der SW-Firma korrigiert.
- 16.9.2020
  - Die Systeme werden schrittweise wieder hochgefahren.
  - Die Datenkorrektheit der Patientendaten muss verifiziert werden.
  - Die kritische Medizintechnik wird wieder in den Datenaustausch aufgenommen (Prüfung der Schnittstellen: DICOM, HL7 etc.).
- 20.9.2020
  - Es kann weitgehend Entwarnung gegeben werden und die relevanten Systeme wieder in Betrieb genommen werden.
  - Ein PDCA-Prozess zur zukünftigen Vermeidung von erkannten Fehlern wird intern (UKD) und extern (BSI) eingeleitet.

9.1.2 Lehren aus dem UKD-Fall

Der IT-Störfall in Düsseldorf war ein Schockerlebnis für das Gesundheitswesen. Er hat große Defizite der IT-Sicherheit in der medizinischen und pflegerischen Versorgung schonungslos offengelegt. Positiv ist festzustellen, dass sich das Sicherheitsbewusstsein in Krankenhäusern verändert hat. Allerdings fehlt es weiterhin an Personal- und Finanz-Ressourcen, um wirklich von sichern IT-Strukturen sprechen zu können.

Aus der Düsseldorf-Erfahrung muss gelernt werden:

- Auch Software-Updates namhafter IT-Partner können fehlerhaft sein Deshalb sind Tests z. B. in einem „Sandbox“-System dringend zu empfehlen

- Das Testen zusätzlicher Software wie Updates und Upgrades muss nach Kriterien des Qualitätsmanagements ablaufen und dokumentiert werden.
- Die Segmentierung ist konsequent umzusetzen, damit ein Schadensereignis nicht globale Krisen auslösen kann.
- Die Wiederanlauf-Prozesse nach Störfällen müssen nach QM-Gesichtspunkten entwickelt, dokumentiert und besonders auch getestet werden. Ein Wiederanlauf nach 24 h muss das Standardziel auch bei großen IT-Krisen sein.
- PDCA-Strukturen müssen auch bei kleineren Störfällen greifen, um größere Katastrophen zu vermeiden.

9.2 Der Crowdstrike Fall 2024

Crowdstrike, ein führender internationaler Anbieter von IT-Sicherheits-Software, legte am 19.7.2024 mit einem fehlerhaften Update Millionen von Windows Systemen lahm. Viele medizinischen und pflegerischen Versorgungseinrichtungen besonders in Europa und den USA waren betroffen

Am 19. Juli 2024 legte ein fehlerhaftes Update der Sicherheitssoftware CrowdStrike Falcon weltweit Millionen von Windows-Systemen lahm. Besonders betroffen war das Gesundheitswesen: Krankenhäuser in den USA, Europa und Deutschland mussten Operationen verschieben, elektronische Patientenakten waren nicht zugänglich und die Versorgung lief zeitweise nur noch mit Notfallplänen und Papierdokumentation. Der Vorfall gilt als einer der größten IT-Ausfälle im Gesundheitssektor und verdeutlicht eindrücklich, wie eng digitale Sicherheit und Patientensicherheit miteinander verknüpft sind.

9.2.1 Protokoll des Crowdstrike Falls

- 19.7.2024 (5 Uhr MESZ)
  - Das fehlerhafte Update (Falcon) wird an alle internationalen Crowdstrike Kunden verteilt
  - Die Systeme stürzen mit Blue Screens ab
- 19.7.2024 vormittags
  - Krankenhäuser in Europa (Deutschland und Großbritannien schwerpunktmäßig) und USA melden die Störfälle öffentlich.
  - Viele EMR-Systeme (Electronic Medical Record) sind nicht verfügbar
  - Operationen müssen verschoben werden, da wichtige Patientendaten nicht angezeigt werden können

  - Rettungskräfte müssen auf begrenzte Papierdokumente zugreifen
- 19.7.2024 nachmittags
  - Krankenhäuser arbeiten an und mit Notfallplänen
  - Das Bundesamt für Sicherheit in der Informationstechnik (BSI) warnt öffentlich vor möglichen Cyberangriffen
- 20.7.2024
  - Crowdstrike gibt den eigenen Fehler öffentlich bekannt und liefert die ersten Fixes
  - Microsoft informiert Windows Kunden und bietet Workarounds an
- 21.7.2024
  - Erste Krankenhäuser nehmen den eingeschränkten IT-Betrieb wieder auf
  - Intensiv wird in den kommenden Tagen an der Aufarbeitung verschobener Operationen gearbeitet
- 24.7.2024
  - Fast alle betroffenen Krankenhäuser arbeiten wieder und haben versäumte Patientendaten nachgetragen
  - Viele Kliniken arbeiten in den kommenden Wochen die Risiken auf.
  - Versicherungen fühlen sich bestätigt, keine großen Krankenhäuser zu versichern. Der Crowdstrike Fall stellt versicherungstechnisch einen Kumulschaden dar. Der Begriff bezeichnet im Versicherungswesen die Summe vieler Einzelschäden, die durch ein einziges Schadensereignis gleichzeitig bei unterschiedlichen Versicherungsnehmern entstehen

9.2.2 Lehren aus dem Crowdstrike Fall

Analysen von IT-Sicherheitsspezialisten haben gezeigt, dass bis zu 70 % der Störfälle trotz fehlerhafter Updates hätten verhindert werden können und müssen.

- Auch Software-Updates namhafter IT-Partner können fehlerhaft sein Deshalb sind Tests z. B. in einem „Sandbox"-System dringend zu empfehlen
- IT-Monokulturen ohne nachhaltige Segmentierung können gefährlich sein, da bei einem ernsten Störfall komplette Systeme lahmgelegt werden. Mit Diversifizierung und Netzwerk-Segmentierung in Krankenhäusern kann man sicherstellen, dass einzelne Fehler nicht komplette Netzwerke ausschalten.

- Es muss sichergestellt sein, dass wichtige Software-Partner und Dienstleister Versicherungen abschließen, die Schäden bei Kunden unter bestimmten Umständen abdecken.
- Genaue Analysen zum Crowdstrike Fall bietet das Jama Network: https://jamanetwork.com/journals/jamanetworkopen/fullarticle/2836824

Anhang Umsetzungsdokumente zur NIS-2-Richtlinie 10

Dieser Anhang stellt drei elementare Dokumente bereit, die Organisationen bei der systematischen, nachvollziehbaren und prüfungssicheren Umsetzung der NIS-2-Richtlinie unterstützen können. Sie können in einen NIS-2 Projektplan und in das interne QM-System eingesetzt werden.

Dokument 1: Monitoring-Checkliste zur NIS-2-Umsetzung
Die Monitoring-Checkliste dient der laufenden Überwachung der Wirksamkeit technischer, organisatorischer und personeller Maßnahmen gemäß NIS-2 Norm. Sie sollte mindestens jährlich sowie anlassbezogen angewendet werden. Sie kann durch eine Audit-Checkliste bei aktuellen Prüfungen ergänzt werden.

Dokument 2: Liste notwendiger Geschäftsleitungsbeschlüsse
NIS-2 verankert Informationssicherheit ausdrücklich in der Verantwortung der Geschäftsleitung. Die aufgeführten Beschlüsse sollten formal dokumentiert vorliegen und für Audits zur Verfügung stehen.

Dokument 3: Liste erforderlicher SOPs/VAs zur NIS-2-Umsetzung
„Standard Operating Procedures" (SOPs) oder auch Verfahrensanweisungen (VAs) sind essenziell für eine nachvollziehbare und wirksame Umsetzung von NIS-2. Die folgende Liste beschreibt empfohlene Mindest-SOPs.

Alle 3 Dokumente können nach QM-Gesichtspunkten „gelenkt" und damit laufend den aktuellen Anforderungen angepasst werden.

C. Wente-Waedlich et al., *NIS-2 für Universitätskliniken und große Krankenhäuser*, essentials, https://doi.org/10.1007/978-3-662-74221-1_10

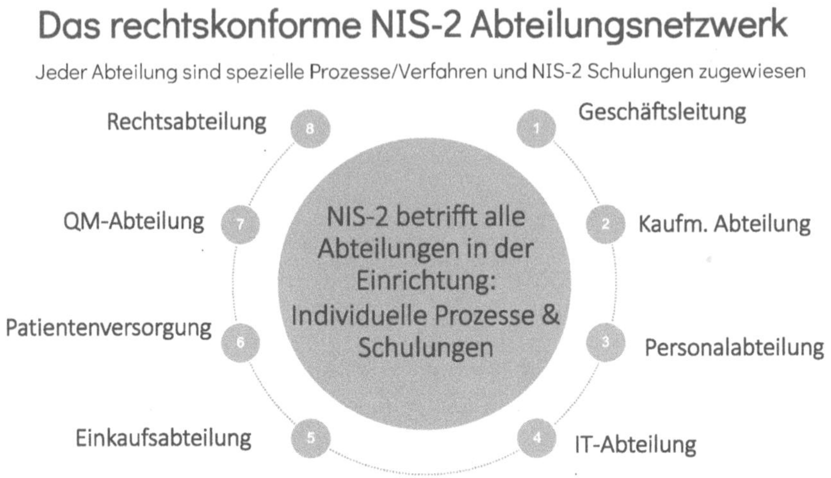

Abb. 10.1 Das rechtskonforme NIS-2 Abteilungsnetzwerk

10.1 Monitoring Checkliste

Die 14 GL-Datapoints sind eine Auswahl der Autoren aufgrund der Analyse der rechtlichen Texte und juristischen Fachinterpretationen. Individuelle Ergänzungen werden unter GL.10 in einer „Gap & Risk Analysis“ aufgenommen.

Bewertungsschema (Anlehnung an Schulnoten):

1. Vollständig umgesetzt (100 %)
2. Weitgehend realisiert (80 %)
3. Aktivität in Bearbeitung mit gutem Fortschritt (50–60 %)
4. Aktivität gerade gestartet (30–40 %)
5. Geplant, aber noch nicht gestartet (20 %)
6. Stimmt nicht (0 %) (auch nicht geplant)

10.1.1 Status der Geschäftsleitung und Führungsebene

Nr.	Frage	1	2	3	4	5	6	PRIO
GL.01	Wurde in der Einrichtung ermittelt und dokumentiert, welche Personen im Kontext der NIS-2-Gesetzgebung zur Geschäftsleitung § 38 Abs. 3 BSIG-E gehören?	□	□	□	□	□	□	1,0

Nr.	Frage	1	2	3	4	5	6	PRIO
GL.02	Wurden alle Zielpersonen der betroffenen Geschäftsleitung (schriftlich) über die Anforderungen der Schulungspflicht (schriftlich) im Rahmen ihrer vertraglichen Pflichten unterrichtet?	☐	☐	☐	☐	☐	☐	1,0
GL.03	Wurden alle Betroffenen nach den Rahmenbedingungen der BSI-Empfehlungen vom 30.09.2025 geschult und sind diese Schulungsmaßnahmen dokumentiert und in der Personaldokumentation archiviert? (Zusammenarbeit mit Personalabteilung)	☐	☐	☐	☐	☐	☐	0,6
GL.04	Wurde das Budget für die NIS-2-Umsetzung unter Berücksichtigung bereits vorhandener Strukturen ermittelt und von den verantwortlichen Gremien genehmigt? (in Zusammenarbeit mit der Finanz- und Rechtsabteilung)	☐	☐	☐	☐	☐	☐	0,8
GL.05	Wurden die erforderlichen Rückstellungen nach § 249 HGB von den betroffenen Abteilungen zur Genehmigung der Geschäftsleitung im Rahmen des Jahresabschlusses für NIS-2 (und KI) Umsetzungen ermittelt? (Zusammenarbeit mit Rechts- und Finanzabteilung)	☐	☐	☐	☐	☐	☐	0,6
GL.06	Wurden bestehende D&O-Versicherungen im Kontext von NIS-2 und KI-Anwendungen überprüft und gegebenenfalls an die persönlichen Haftungsanforderungen der Personen der Geschäftsleitung angepasst? (Zusammenarbeit mit Rechts- und Finanzabteilung)	☐	☐	☐	☐	☐	☐	1,0
GL.07	Wurden die neuen Pflichten der Geschäftsleitung (Registrierungspflichten, Melde- und Unterrichtungspflichten, Dokumentationspflichten) durch Maßnahme Planungen in die interne Organisationsstruktur (Assistenten, Referenten) integriert?	☐	☐	☐	☐	☐	☐	0,8
GL.08	Wurde die Struktur der regelmäßigen Berichte (Quartals- und Jahresberichte) an die NIS-2 (und KI-Verordnung) angepasst?	☐	☐	☐	☐	☐	☐	0,6
GL.09	Wurde der Geschäftsverteilungsplan (oder das Organigramm) an die neuen Aufgaben von NIS-2 und KI angepasst (z. B. Berichterstattung, Risikomanagement etc.)?	☐	☐	☐	☐	☐	☐	1,0
GL.10	Wurde eine aktuelle „Gap and Risk Analysis" für die Geschäftsleitung durchgeführt und eine Bearbeitung der offenen Punkte mit Zieldatum geplant?	☐	☐	☐	☐	☐	☐	1,0

Nr.	Frage	1	2	3	4	5	6	PRIO
GL.11	Wurden die Meldewege für Sicherheitsvorfälle innerhalb von 24 h mit den zuständigen Abteilungen eingerichtet und dokumentiert?	□	□	□	□	□	□	0,8
GL.12	Wurde die Nachweisdokumentation zu den NIS-2 Schutzmaßnahmen für die Aufsichtsbehörden auf oberster Ebene entwickelt und etabliert?	□	□	□	□	□	□	0,6
GL.13	Hat die Geschäftsleitung die NIS-2-Umsetzung in den kritischen Bereichen der Medizintechnik und der ePA durch Report der IT-Abteilung überwacht?	□	□	□	□	□	□	1,0
GL.14	Hat die Geschäftsleitung einen Überblick mit Kontaktdaten über die zuständigen Behörden wie BSI und Landesbehörden für die Koordination bei Notfällen?	□	□	□	□	□	□	1,0

10.1.2 NIS-2-Status Kaufm. Leitung und Assistenz der Geschäftsleitung

Nr.	Frage	1	2	3	4	5	6	PRIO
KA.01	Wurde die Betroffenheit für NIS-2 mit der Assistenz und bei Bedarf mit juristischer Unterstützung festgestellt und dokumentiert?	□	□	□	□	□	□	1,2
KA02	Wurden die neuen Rahmenbedingungen der NIS-2 Gesetzgebung mit der Führungsebene erörtert und schriftlich dokumentiert? (erhöhtes Haftungsrisiko für Mitglieder der Geschäftsleitung)	□	□	□	□	□	□	1,0
KA.03	Wurde bei NIS-2-Betroffenheit ein externer Partner für die Schulungsmaßnahmen der Geschäftsleitung ausgewählt und beauftragt	□	□	□	□	□	□	0,8
KA.04	Wurden die Versicherungsbedingungen der Cyber- und D&O Versicherungen analysiert und an die persönlichen NIS-2 und KI-Haftungsrisiken und Obliegenheiten angepasst?	□	□	□	□	□	□	0,8
KA.05	Wurden die neuen Rahmenbedingungen wie NIS-2 und die KI-Anwendungen als zusätzliche Verpflichtungen in die Verträge oder Vertragszusätze aller Mitarbeitenden aufgenommen?	□	□	□	□	□	□	1,0
KA.06	Wurde das rechtliche Lieferketten-Management in Verträge mit Lieferanten und Kooperationspartner als Standard nach NIS-2 aufgenommen? (Zusammenarbeit mit Einkaufsabteilung)	□	□	□	□	□	□	1,0

Nr.	Frage	1	2	3	4	5	6	PRIO
KA.07	Wurden die Web-Veröffentlichungen mit NIS-2-Informationen aktualisiert (NIS-2 & evtl. KI)	☐	☐	☐	☐	☐	☐	0.6
KA.08	Wurden alle Partner und Lieferanten über NIS-2 im Kontext der Lieferkettensicherheit informiert?	☐	☐	☐	☐	☐	☐	0,6
KA.09	Wurden Risikoanalysen für die Erstellung des Jahresabschlusses mit Ermittlung von Rückstellungen definiert und mit den zuständigen Abteilungen synchronisiert?	☐	☐	☐	☐	☐	☐	0,8
KA.10	Wurde eine aktuelle „Gap and Risk Analysis“ für die kaufmännische Abteilung durchgeführt und eine Bearbeitung der offenen Punkte mit Zieldatum geplant?	☐	☐	☐	☐	☐	☐	0,8
	Zwischensumme eigene Punktzahl							

10.1.3 NIS-2-Status Personalabteilung

Nr.	Frage	1	2	3	4	5	6	PRIO
PA.01	Wurden die Auswirkungen von NIS-2 und der KI-VO auf das Personalmanagement analysiert und ein entsprechendes Maßnahmenspektrum entworfen?	☐	☐	☐	☐	☐	☐	1,0
PA.02	Wurden die neuen Anforderungen für die Mitarbeitenden analysiert, um in die Verträge oder Stellenbeschreibungen aufzunehmen (z. B. Mitwirkungspflichten bei offiziellen Meldungen?	☐	☐	☐	☐	☐	☐	1,0
PA.03	Wurde ein konkreter Schulungsplan mit Vorgabe der Ziele (nach NIS-2 bzw. nach KI-VO) erstellt und mit den bereits bestehenden Schulungsmaßnahmen synchronisiert (Curriculum)?	☐	☐	☐	☐	☐	☐	0,8
PA.04	Wurde Schulungsmaterial für Beauftragte und Mitarbeitende erstellt (Merkblätter, Schulungs- oder Erklärvideos) und Motivationsmaßnahmen eingeleitet?	☐	☐	☐	☐	☐	☐	0,6
PA.05	Wurden Anforderungen für das Onboarding neuer Teammitglieder nach NIS-2 aktualisiert (z. B. Passwort-Management)?	☐	☐	☐	☐	☐	☐	0,8
PA.06	Wurden Anforderungen für das Offboarding ausscheidender Mitarbeitender nach NIS-2 aktualisiert (z. B. Löschung der Zugangsberichtigungen etc.)?	☐	☐	☐	☐	☐	☐	0,8

Nr.	Frage	1	2	3	4	5	6	PRIO
PA.07	Wurde eine aktuelle „Gap and Risk Analysis" für die Personalabteilung (PA) durchgeführt und eine Bearbeitung der offenen Punkte mit Zieldatum geplant?	☐	☐	☐	☐	☐	☐	0,6
PA.08	Wurden interne Betriebsanweisungen nach NIS-2 und (bei Betroffenheit) abgestimmt nach KRITISDach G angepasst und bekannt gemacht?	☐	☐	☐	☐	☐	☐	0.6
	Zwischensumme eigene Punktzahl							

10.1.4 NIS-2-Status IT-Abteilung

Nr.	Frage	1	2	3	4	5	6	PRIO
IT.01	Wurde eine Dokumentation bestehender Maßnahmen und Systeme im Rahmen der IT-Sicherheit zum Abgleich mit den NIS-2 Anforderungen erstellt?	☐	☐	☐	☐	☐	☐	1,0
IT.02	Wurden ein umfassendes Security Information and Event Management-System (SIEM) nach NIS-2 Verordnung geplant, entwickelt und umgesetzt?	☐	☐	☐	☐	☐	☐	1,0
IT.03	Wurden die IT-Risiko-Analysen den verschärften NIS-2-Anforderungen angepasst und initial umgesetzt?	☐	☐	☐	☐	☐	☐	1,2
IT.04	Wurde ein Frühwarnsystem oder IDS (Intrusion Detection System) nach NIS-2-Vorgabe entwickelt und aktiviert?	☐	☐	☐	☐	☐	☐	0,8
IT.05	Werden regelmäßige Sicherheitsupdates zeitnah durchgeführt und ein professionelles Patch-Management realisiert?	☐	☐	☐	☐	☐	☐	0,6
IT.06	Sind Firewalls und alle relevanten Cybersicherheitstools installiert und werden sie regelmäßig aktualisiert?	☐	☐	☐	☐	☐	☐	1,0
IT.07	Wurde eine 3-Jahresplanung (36-Monate Curriculum) erstellt? (Abstimmung mit allen relevanten Abteilungen (z. B. mit QM-Zielen)	☐	☐	☐	☐	☐	☐	0,6
IT.08	Wurde das IT-Krisenmanagement und die Kontinuitätsplanung den neuen NIS-2 Anforderungen angepasst?	☐	☐	☐	☐	☐	☐	1,0
IT.09	Wurden die Management-Systeme (ISMS, DSMS, QMS) den neuen Anforderungen nach NIS-2 u KI-VO und bei Bedarf an KRITISDach G angepasst? (Zusammenarbeit mit QM-Abteilung)	☐	☐	☐	☐	☐	☐	0,6

Nr.	Frage	1	2	3	4	5	6	PRIO
IT.10	Wurde ein Chief Information Security Officer (CISO) intern oder extern benannt und vertraglich beauftragt?	□	□	□	□	□	□	1,0
IT.11	Wurden wirtschaftlich unabhängige Geschäftseinheiten (z. B. MVZ, ASV) auf NIS-2-Relevanz geprüft?	□	□	□	□	□	□	0,8
IT.12	Wurde das Dokumentations- und Meldesystem für offizielle Stellen in Zusammenarbeit mit der QM-Abteilung etabliert und getestet.	□	□	□	□	□	□	0,8
IT.13	Wurden die direkten Partner (Lieferketten: IT-Dienstleister, Softwareanbieter, Cloud-Provider, Medizintechnik- und Medizinproduktelieferanten) auf die neuen NIS-2-Anforderungen verpflichtet? (in Zusammenarbeit mit Einkaufs- und Rechtsabteilung)	□	□	□	□	□	□	0,8
IT.14	Wurde ein Plan für Monitoring Prozesse & Audits zur regelmäßigen Überprüfung der Sicherheitsmaßnahmen von Lieferanten & Dienstleistern erstellt?	□	□	□	□	□	□	0,6
IT.15	Wurden NIS-2-Anforderungen auf Medizintechnik und Medizinprodukte (z. B. IoT) zusätzlich zu IT-Elementen übertragen?	□	□	□	□	□	□	0,6
IT.16	Wurde die Sicherstellung der Verfügbarkeit kritischer Systeme in der Notaufnahme, in allen OP-Bereichen und auf der Intensivabteilung mit einem separaten Bericht regelmäßig dokumentiert?	□	□	□	□	□	□	1,0
IT.17	Wurden neue Schulungsmaterialien im Kontext von NIS-2 erstellt und der Personalabteilung zur Verfügung gestellt (evtl. mit Schulungskapazitäten aus der IT-Abteilung)?	□	□	□	□	□	□	0,8
IT.18	Wurde ein CSIRT (Computer Security Incident Response Team) eingerichtet und eingeführt?	□	□	□	□	□	□	0,6
IT.19	Wurde ein Risikopotenzial-Bericht für die Rechtsabteilung zur Ermittlung von Risikowerten in der Jahresbilanz (Anhang) strukturiert und für den nächsten Jahresabschluss erstellt?	□	□	□	□	□	□	0,8
IT.20	Wurde eine aktuelle „Gap and Risk Analysis" für die IT-Abteilung durchgeführt und eine Erledigung der offenen Punkte mit Zieldatum geplant?	□	□	□	□	□	□	0,6

10.1.5 NIS-2-Status Einkaufsabteilung

Nr.	Frage	1	2	3	4	5	6	PRIO
EK.01	Wurde eine Checkliste zur Identifikation der Lieferanten mit besonderer NIS-2-Relevanz (IT, Medizintechnik, Medizinprodukte) erstellt?	□	□	□	□	□	□	1,0
EK.02	Wurden die Kriterien für das Lieferketten-Management definiert und für alle Einkaufs-Prozesse dokumentiert (Lieferantenaudits nach Artikel 21 Absatz 2 der Richtlinie)?	□	□	□	□	□	□	0,8
EK.03	Wurden alle NIS-2 relevanten Lieferanten-Audits durchgeführt und dokumentiert?	□	□	□	□	□	□	0,6
EK.04	Wurden Lieferanten ohne NIS-2-Rechtskonformität beraten und bei Nicht-Erfüllung der Sicherheits-Kriterien rechtskonform ersetzt? (in Zusammenarbeit mit Rechts- und IT-Abteilung)	□	□	□	□	□	□	0,6
EK.05	Wurden Notfallpläne für Lieferantenausfälle und Strategien für den Fall des Ausfalls kritischer Dienstleister entwickelt? (in Zusammenarbeit mit Assistenz- und IT-Abteilung)	□	□	□	□	□	□	1,0
EK.06	Wurden besondere NIS-2 und KI Kriterien für die Anschaffung von Medizintechnik und PACS-Anwendungen erstellt und in Kraft gesetzt (in Zusammenarbeit mit IT-Abteilung)?	□	□	□	□	□	□	0,8
EK.07	Wurde geprüft in welchen wichtigen Bereichen die Abhängigkeit von nur einem Lieferanten besteht (Monokultur-Einkauf)?	□	□	□	□	□	□	1,0
EK.08	Wurden Sicherheits- und Meldepflichtklauseln in alle Ausschreibungs-, Angebots- und Vertragsdokumente aufgenommen (NIS-2-Konformitätsklauseln)?	□	□	□	□	□	□	1,0
EK.09	Besteht eine Lieferanten- und Dienstleisterdatenbank mit Sicherheitsinformationen, Auditberichten, Zertifikaten und gegebenenfalls Berichten über Störfälle und Problemlösungen?	□	□	□	□	□	□	0,8
EK.10	Wurde eine aktuelle „Gap and Risk Analysis“ für die Einkaufsabteilung durchgeführt und eine Bearbeitung der offenen Punkte mit Zieldatum geplant?	□	□	□	□	□	□	1,0
	Zwischensumme eigene Punktzahl							

10.1.6 NIS-2-Status in der medizinischen und pflegerischen Versorgung

Nr.	Frage	1	2	3	4	5	6	PRIO
VS.01	Wurden die Mitarbeitenden über NIS-2 (und KI) mit Orientierungsangeboten über relevante Maßnahmen aufgeklärt?	☐	☐	☐	☐	☐	☐	1,0
VS.02	Wurde ein Curriculum für die Umsetzung der Regulatorik (für 18 oder 24 oder 36 etc.) erstellt und mit anderen Schulungsprogrammen umgesetzt?	☐	☐	☐	☐	☐	☐	0,8
VS.03	Wurde ein Informationsdokument für die Mitarbeitenden in der Versorgung zu NIS-2 (evtl. mit KI) erstellt und digital oder analog verteilt?	☐	☐	☐	☐	☐	☐	0,8
VS.04	Wurden die Verträge mit Mitarbeitenden (frei und angestellt) nach NIS-2 (und wenn relevant) nach KRITISDach G Anforderungen angepasst (Schnittstelle zur Rechtsabteilung)	☐	☐	☐	☐	☐	☐	1,0
VS.05	Wurden NIS-2-Anforderungen in den Schulungsplan aufgenommen und Schulungen durchgeführt (z. B. Schulungs-Webinare mit Videos)?	☐	☐	☐	☐	☐	☐	1,0
VS.06	Wurden Mitarbeitende besonders in die sicherheitsrelevante Nutzung (nach NIS-2 und KI)) von Medizintechnik und Medizinprodukte mit Dokumentation eingewiesen?	☐	☐	☐	☐	☐	☐	0,8
VS.07	Wurde mit wichtigen Mitarbeitenden ein internes Audit (First-Party-Audit) durchgeführt?	☐	☐	☐	☐	☐	☐	0,6
VS.08	Wurden alle Mitarbeitenden in die Patientenaufklärung über Datensicherheit (NIS-2), Datenschutz (DSGVO) und den Einsatz von KI geschult?	☐	☐	☐	☐	☐	☐	1,0
VS.09	Bestehen aktuelle schriftliche Aufklärungs- und Informationsmaterialien zu Datensicherheit, Datenschutz, QM und KI und stehen diese auch im Internet zur Verfügung?	☐	☐	☐	☐	☐	☐	0,8
VS.07	Wurde eine aktuelle „Gap and Risk Analysis“ für die Versorgung durchgeführt und eine Bearbeitung der offenen Punkte mit Zieldatum geplant?	☐	☐	☐	☐	☐	☐	0,8
	Zwischensumme eigene Punktzahl							

10.1.7 NIS-2-Status QM Abteilung

Nr.	Frage	1	2	3	4	5	6	PRIO
QM.01	Wurde eine Analyse erarbeitet, wie die neuen Prozesse für NIS-2 (und KI), in das bestehende QM-Systeme integriert werden können?	□	□	□	□	□	□	1,0
QM.02	Wurde analysiert, wie viele und welche Verfahrensanweisungen und Prozessbeschreibungen in den Abteilungen (Recht, Personal, Einkauf, IT, Versorgung etc.) entwickelt und umgesetzt werden müssen?	□	□	□	□	□	□	0,8
QM.03	Wurde ein PDCA-System (zur regelmäßigen Optimierung) für NIS-2 (und KI) etabliert?	□	□	□	□	□	□	0,8
QM.04	Wurden NIS-2 Kriterien (und KI) als Elemente in den regelmäßigen QM-Bericht aufgenommen?	□	□	□	□	□	□	0,6
QM.05	Wurden die neuen NIS-2-Anforderungen (z. B. Lieferkettenmanagement in das bestehende QMS aufgenommen)?	□	□	□	□	□	□	0,8
QM.06	Wurden Verfahrens- und Arbeitsanweisungen für neue Aufgaben erstellt (z. B. pragmatische Mehrfach-Authentifizierung) und in Kraft gesetzt?	□	□	□	□	□	□	1,0
QM.07	Wurde ein internes QM-Audit durchgeführt, um die aktuellen Ergänzungen zu evaluieren (Rechtskonformitäts-Test, z. B. nach BSI Empfehlungen September 2025)?	□	□	□	□	□	□	0,8
QM.08	Wurde eine aktuelle „Gap and Risk Analysis“ für die QM-Abteilung durchgeführt und eine Bearbeitung der offenen Punkte mit Zieldatum geplant?	□	□	□	□	□	□	0,8
	Zwischensumme eigene Punktzahl							

10.1.8 NIS-2-Status Rechtsabteilung

Nr.	Frage	1	2	3	4	5	6	PRIO
RA.01	Wurde die NIS-2-Betroffenheit mit allen Geltungsbereichen geprüft und dokumentiert?	□	□	□	□	□	□	1,0
RA.02	Wurden die rechtlichen Auswirkungen, z. B. bezüglich Haftungsrisiken, analysiert und dokumentiert?	□	□	□	□	□	□	0,8
RA.03	Wurden die neuen Rahmenbedingungen der NIS-2-Gesetzgebung mit der Führungsebene erörtert und schriftlich dokumentiert? (erhöhtes Haftungsrisiko für Mitglieder der Geschäftsleitung)	□	□	□	□	□	□	0,8

Nr.	Frage	1	2	3	4	5	6	PRIO
RA.04	Wurden Verträge für angestellte und freie Mitarbeitende auf die NIS-2-Anforderungen geprüft, erweitert und umgesetzt (unterschieben)	□	□	□	□	□	□	0,8
RA.05	Wurden Verträge mit Lieferanten und Partner nach NIS-2-Anforderungen überarbeitet und neu abgeschlossen (Lieferkettenmanagement)?	□	□	□	□	□	□	0,8
RA.06	Wurden auf der neuen Vertragsgrundlage (RA05) Audits bei Partnern und Lieferanten durchgeführt und dokumentiert?	□	□	□	□	□	□	0,6
RA.07	Wurde das Versicherungsmanagement geprüft und auf NIS-2 angepasst (Haftung, D&O) gegebenenfalls mit Abschluss neuer Verträge?	□	□	□	□	□	□	0,8
RA.08	Wurden die rechtlichen Auditprüfungen definiert und dokumentiert (Verfahrensanaweisungen)?	□	□	□	□	□	□	1,0
RA.09	Wurden die rechtlichen und finanziellen Auswirkungen auf das Finanzmanagement und den Jahresabschluss (z. B. Aufsichtsrat Bericht) geprüft und dokumentiert?	□	□	□	□	□	□	0,8
RA.10	Wurde eine aktuelle „Gap and Risk Analysis" für die Rechtsabteilung durchgeführt und eine Bearbeitung der offenen Punkte mit Zieldatum geplant?	□	□	□	□	□	□	0,8
	Zwischensumme eigene Punktzahl							

10.2 Checkliste der erforderlichen Beschlüsse

Die Geschäftsleitung eines Krankenhauses/einer Klinik ist aus EU-rechtlichen, nationalen haftungsrechtlichen sowie versorgungsrechtlichen Gründen verpflichtet, Maßnahmen zur Umsetzung der NIS-2-Richtlinie ausdrücklich zu beschließen. Die Umsetzung ist zu überwachen und die Beschlüsse sind nachvollziehbar zu dokumentieren. Ohne entsprechende GL-Beschlüsse ist eine NIS-2-Rechtskonformität nicht zu realisieren.

Kurzformel für Beschlussvorlagen:

„Die Geschäftsleitung fasst die nachfolgenden Beschlüsse zur Umsetzung der Anforderungen der Richtlinie (EU) 2022/2555 (NIS-2) in Erfüllung ihrer gesetzlichen Organisations-, Überwachungs- und Haftungspflichten sowie zur Sicherstellung der medizinischen und pflegerischen Versorgung."

Nr.	GL-Beschluss	NIS-2-Artikel	Prio
1	Feststellung der NIS-2-Anwendbarkeit	Art. 1–3	1
2	Einstufung als wesentliche Einrichtung	Art. 3	2
3	Einrichtung eines ISMS	Art. 21	1
4	Benennung NIS-2-Verantwortlicher (CISO)	Art. 20	1
5	Definition Cyber-Risikotoleranz	Art. 20, 21	2
6	Genehmigung Sicherheitsstrategie	Art. 21	3
7	Regelmäßiges Cyber-Reporting	Art. 20	3
8	IT-Notfall- & BC-Strategie	Art. 21	2
9	Incident-Response-Plan	Art. 21, 23	2
10	Meldeprozess Sicherheitsvorfälle	Art. 23	2
11	Zusammenarbeit mit Behörden	Art. 23	3
12	Beweissicherungsvorgaben Recht	Art. 23	3
13	Awareness-Schulungen	Art. 20	1
14	On-/Offboarding-Zugriffsregeln	Art. 21	2
15	Insider-Risikomanagement HR	Art. 20	2
16	Sanktionsregelung Verstöße	Art. 20	2
17	Personal-Notfallplanung	Art. 21	1
18	Schulungsnachweisführung	Art. 20	3
19	Lieferketten-Risikoanalyse Einkauf	Art. 21(2)	2
20	Sicherheitskriterien Lieferanten	Art. 21(2)	2
21	NIS-2-Vertragsklauseln	Art. 21, 24	2
22	Audit-/Nachweispflicht Lieferanten	Art. 21	2
23	Cloud-/SaaS-Freigabekriterien	Art. 21	2
24	Exit-Strategien Dienstleister	Art. 21	2
25	Überwachung Drittparteien	Art. 21	2
26	Priorisierung Medizinsysteme	Art. 21	2
27	Downtime-Prozesse Klinik	Art. 21	2
28	Notfalldokumentation ohne IT	Art. 21	1
29	Integration NIS-2 ins QM	Art. 21	2
30	Dokumentenlenkung	Art. 21	3
31	Interne NIS-2-Audits	Art. 21	2
32	Korrekturmaßnahmen-Management	Art. 21	2
33	Kennzahlen & KPIs Cyber	Art. 20	2
34	Lessons Learned Verfahren	Art. 21	2
35	Rechtsmonitoring NIS-2	Art. 4, 41	2
36	DSGVO-/NIS-2-Abstimmung	Art. 20	2
37	Haftungsprävention	Art. 20	2
38	Bußgeldvorsorge	Art. 34	2
39	Externe Rechtsberatung	Art. 20	2
40	Krisenkommunikation extern	Art. 23	2

Nr.	GL-Beschluss	NIS-2-Artikel	Prio
41	Cyber-Versicherung	Art. 21	2
42	Budget IT-Sicherheit	Art. 21	2
43	Investitionsfreigabe Security	Art. 21	2
44	Ausfallszenarien Abrechnung	Art. 21	2
45	Finanzielle Notfallplanung	Art. 21	2
46	Externe Penetrationstests	Art. 21	2
47	Vulnerability-Management	Art. 21	2
48	Netzwerksegmentierung	Art. 21	1
49	Regelmäßige GL-Überprüfung	Art. 20	3
50	Jährliche NIS-2-Erklärung	Art. 20	2

10.3 Liste erforderlicher VAs zur NIS-2-Umsetzung

VA-Übersicht (VA = Verfahrensanweisung) zur NIS-2 Umsetzung in der stationären medizinischen und pflegerischen Versorgung (KMKH)

Bewertungsschema: Priorität 1- Muss vorrangig bearbeitet werden (Phase 1 + 2)
Priorität 2- Standard-Planung (Phase 3 + 4)
Priorität 3-Umsetzung nachrangig (Phase 5 + 6)
Die Übersicht über die NIS-2-relevanten Verfahrensanweisungen (VA) wurde nach Analyse der NIS-2 Gesetzgebung und den korrespondierenden BSI-Veröffentlichungen zusammengestellt. Die LIste bildet die Prozesse ab, die durch NIS-2 zusätzlich zu organisieren sind. Je nach bestehender QM-Norm (beispielsweise ISO 9001) können verschiedene VAs auch zusammengefasst werden. Die Ausformulierung richtet sich nach den bestehenden VA-Strukturen in der Einrichtung. Die relevanten Schritte können in List Form aufgeführt oder als Text ausformuliert werden. Geeignet sind „gelenkte" Dokumente nach QM oder Normen mit Vorgaben zu einfachen regelmäßigen Prüfungen (z. B. einmal jährlich). Die Prioritäten können frei definiert werden (P1–P3). Sie richten sich auch nach der individuellen Risikoanalyse der anwendenden Einrichtung. Die Auflistung wird laufend den europäischen und nationalen Gesetzgebungen und den Empfehlungen und konkreten Audit-Vorgaben des BSI angepasst. Die angegebenen Einstufungen sind Empfehlungen der Autoren (z. B. basierend auf BSI-Veröffentlichungen). Die VA- Checkliste ist Bestandteil des 8-Phasen-Modells der NIS-2-Akademie zur primären Umsetzung der neuen Normen im Gesundheitswesen. Die VA-Liste wurde speziell für Krankenhäuser, Kliniken, MVZ, ASV, Großpraxen und vergleichbare Einrichtungen im Healthcare-Markt entwickelt.

10.3.1 Geschäftsleitung/Vorstand

Nr.	Verfahrensanweisung	PRIO
GL01	VA Informationssicherheit Governance, Verantwortlichkeit, Eskalationswege	1
GL02	VA Risikomanagement Cyber & Informationssicherheit, Risiken der Einrichtung	2
GL03	VA Ressourcenzuweisung & Budgetfreigabe Informationssicherheit	2
GL04	VA Management-Review Informationssicherheit	3
GL05	VA Incident- & Krisenmanagement (Vorstandsebene)	1
GL06	VA Behörden- & Öffentlichkeitskommunikation bei Cybervorfällen	3
GL07	VA Schulung & Awareness der Geschäftsleitung	2
GL08	VA Haftungs- & Complianceüberwachung NIS-2	1
GL09	VA Einführung einer GRC-Struktur mit Synchronisierung der Regulatorik	3
GL10	VA Prüfung neuer Gesetzgebung und Auswirkungen für die Einrichtung	2
GL11	VA NIS-relevantes Beschlussmanagement der Geschäftsleitung	2

10.3.2 Kaufmännische Leitung

Nr.	Verfahrensanweisung	PRIO
KA01	VA Bewertung finanzieller Cyber-Risiken	1
KA02	VA Budgetierung Informations- & Cybersicherheit	2
KA03	VA Wirtschaftlichkeitsbewertung von Sicherheitsmaßnahmen	2
KA04	VA Investitionsfreigabe unter Sicherheitsaspekten	3
KA05	VA Cyber-Versicherungen & Rückstellungen	1
KA06	VA Kosten- & Schadensanalyse nach Sicherheitsvorfällen	2
KA07	VA Vorbereitung Jahresabschluss mit Risikoermittlungen & Rückstellungen	3
KA08	VA Abrechnung bei IT-Ausfällen	2
KA09	VA Zusammenarbeit KA mit anderen Abteilungen	2
KA10	Finanzplanung NIS-2 relevant auch für Notfälle	2

10.3.3 Personalabteilung

Nr.	Verfahrensanweisung	PRIO
PA01	VA Sicherheitsanforderungen in Arbeitsverträgen	1
PA02	VA Onboarding (IT-Zugänge, Rollen, Schulung)	1
PA03	VA Offboarding (Zugriffs- & Rechtemanagement)	1
PA04	VA Schulungs- & Awareness-Management NIS-2	1

Nr.	Verfahrensanweisung	PRIO
PA05	VA-Umgang mit Sicherheitsverstößen von Mitarbeitenden	2
PA06	VA Rollen & Berechtigungen nach Funktion	2
PA07	VA Nachweisführung Schulung & Verpflichtung	3
PA08	VA Zusammenarbeit PA mit anderen Abteilungen	2
PA09	VA Disziplinarverfahren z. B. bei Pflichtverletzungen	3
PA10	VA ISMS Anwendungen	1
PA11	VA NIS-2 relevante Verträge mit externen Mitarbeitenden in der Versorgung	2
PA12	VA Schulungsdokumentation der internen und externen Mitarbeitenden	3
PA13	VA Umgang mit Insider-Risiken	3

10.3.4 IT-Abteilung

Nr.	Verfahrensanweisung	PRIO
IT01	VA IT-Sicherheitsbetrieb (Firewalls, EDR, Monitoring)	1
IT02	VA Patch & Vulnerability Management	1
IT03	VA Backup & Restore Management	1
IT04	VA Netzsegmentierung (IT/OT/MedTech)	1
IT05	VA Incident Detection & Response	2
IT06	VA Notfall- & Wiederanlaufmanagement (DR/BCP)	1
IT07	VA Zugriffskontrolle & Identitätsmanagement	2
IT08	VA Logging, Protokollierung & Auswertung	2
IT09	VA IT-Bestandsaufnahme und Verwaltung von Veränderungen	1
IT10	VA Bestandsaufnahme und Dokumentation Medizintechnik	1
IT11	VA Bestandsaufnahme Medizintechnik-Schnittstellen	2
IT12	VA Anwendungen Telematik Infrastruktur (TI)	2
IT13	VA Risiko- & Sicherheitsprüfungen für Webanwendungen	2

10.3.5 Einkauf & Investitionen

Nr.	Verfahrensanweisung	PRIO
EK01	VA Klassifizierung kritischer Lieferanten	1
EK02	VA Sicherheitsbewertung vor Lieferantenauswahl	1
EK03	VA Vertragsprüfung (Sicherheits- & Meldeklauseln)	2
EK04	VA Lieferanten-Risikobewertung (regelmäßig)	2
EK05	VA Audit- & Kontrollrechte bei Dienstleistern	3
EK06	VA Umgang mit Sicherheitsvorfällen bei Lieferanten	3
EK07	VA Dokumentation & Freigabe von IT-/MedTech-Beschaffungen	3

10.3.6 Medizinische & pflegerische Versorgung

Nr.	Verfahrensanweisung	PRIO
VS01	VA Umgang mit IT-Ausfällen im klinischen Betrieb	1
VS02	VA Fallback- & Papierverfahren	1
VS03	VA Meldeweg für IT-/Sicherheitsvorfälle	2
VS04	VA Nutzung digitaler Medizintechnik	2
VS05	VA Zugriff auf Patientendaten (Need-to-Know)	2
VS06	VA Awareness & Schulung Klinikpersonal	1
VS07	VA Notfallbetrieb kritischer Stationen	1
VS08	VA Nutzung der ePA (TI)	2
VS09	VA Nutzung Anwendungen der Ti (zusätzlich zu ePA)	3

10.3.7 Qualitätsmanagement (QM)

Nr.	Verfahrensanweisung	PRIO
QM01	VA Integration NIS-2 in das QM-System	1
QM02	VA Dokumentenlenkung Informationssicherheit	2
QM03	VA Durchführung interner Audits zur Informationssicherheit	2
QM04	VA Abweichungs- & Maßnahmenmanagement	2
QM05	VA Management-Review Informationssicherheit	2
QM06	VA KPI- & Wirksamkeitsüberwachung	3
QM07	VA Nachweisführung gegenüber Aufsichtsbehörden	3
QM08	VA PDCA Management	2
QM09	VA Benennung QM-Beauftragte (intern/extern)	3
QM10	VA Verfügbarkeit und Aktualisierung im VA-Management	1
QM11	VA Zusammenarbeit QM mit anderen Abteilungen	2
QM12	VA zur rechtskonformen Verfügbarkeit der Regulatorik für alle Mitarbeitende	1

10.3.8 Rechtsabteilung und externe Rechtsberater

Nr.	Verfahrensanweisung	PRIO
RA01	VA Rechtliche Bewertung NIS-2 & Umsetzungsgesetz für Einrichtung	2
RA02	VA Meldepflichten (24 h/72 h/Abschlussbericht)	3
RA03	VA rechtliche Bewertung von Cybervorfällen	3
RA04	VA Abstimmung NIS-2 – DSGVO – QM – KI-VO – KRITIS	2
RA05	VA Vertragsprüfung IT/Cloud/MedTech (Lieferanten)	2
RA06	VA Haftungs- & Bußgeldmanagement	3

Nr.	Verfahrensanweisung	PRIO
RA07	VA Krisenkommunikation (Behörden/Medien)	3
RA08	VA Entwicklung und Prüfung Vertragliche Regelung für Fremdhosting	2

Anmerkungen: Die VA-Übersicht ist ein dynamisches Dokument, das laufend zu aktualisieren ist. Dies ist erforderlich, wenn sich die Rahmenbedingungen (z. B. bei neuen gesetzlichen Veröffentlichungen) wie NIS-2 Anwendungen in Einrichtungen zur medizinischen und pflegerischen Versorgung ändern. Anpassungen erfolgen auch, wenn sich Lücken in praktischen Anwendungen ergeben.

VA steht für Verfahrensanweisungen nach der ISO 9001 Terminologie. In anderen Systemen kann der Begriff SOP (Standard Operation Procedure) verwendet werden.

10.4 NIS-2-Matrix für Schulungen in der medizinischen und pflegerischen Versorgung.

NIS 2 Schulungen müssen arbeitsplatz und rollenbezogen erfolgen. Dies ergibt sich aus den BSI Vorgaben zu „passgenauen Schulungen“ und „aufgabenrelevanten Gefahren“. [bsi.bund.de]

Diese Übersicht enthält für jede relevante Einrichtungsabteilung die 8 wichtigsten NIS 2 Pflichtschulungsinhalte sowie die zugehörigen Verantwortlichkeiten für Planung, Durchführung und Nachweisführung. Außerdem müssen alle neuen Mitarbeitenden (ca.16 % vom Personalstand) mit Nachweis geschult werden.

10.4.1 Geschäftsleitung (GL) Schulungsfrequenz: 1x jährlich § 38 BSIG

Nr.	Schulungsinhalte	PRIO
GL.S1	Rechtliche Verantwortung & persönliche Haftung	1
GL.S2	Incident & Krisenmanagement im NIS-2 Kontext	1
GL.S3	Prozesse zur Umsetzung des Management Reviews	2
GL.S4	Strategische Rolle der GL im ISMS mit Anwendungen	2
GL.S5	Lieferkettenverantwortung und Audit-Überwachung	2
GL.S6	Meldepflichten bei Sicherheitsvorfällen	1
GL.S7	Kontinuitäts- & Notfallmanagement	1
GL.S8	Überwachung & Wirksamkeitskontrolle	3

Nr.	Verantwortlichkeiten	PRIO
GL.V1	Gesamtverantwortung für NIS-2-Compliance	1
GL.V2	Freigabe von Budgets und Ressourcen	2
GL.V3	Benennung der verantwortlichen Rollen &Verantwortungen	1
GL.V4	Management-Review Koordination (GL.S3)	3
GL.V5	Prüfung & Sicherstellung der Meldewege (GL.S6)	1

10.4.2 Kaufmännische Abteilung 1x jährlich

Nr.	Schulungsinhalte	PRIO
KA.S1	NIS-2-Grundlagen für kaufmännische Prozesse	2
KA.S2	Risikobasierte NIS-2-Budgetierung incl. Auditmanagement	1
KA.S3	Vertrags- & Dienstleistersteuerung	2
KA.S4	Dokumentationspflichten	3
KA.S5	VA Umgang mit sensiblen Daten	2
KA.S6	Verfügbarkeits- und Integritätsanforderungen	2
KA.S7	VA Erkennen und Melden von Vorfällen in der Abteilung	2
KA.S8	NIS-2 relevante Schnittstellen zu IT, PA, Einkauf und GL	2

Nr.	Verantwortlichkeiten	PRIO
KA.V1	Bereitstellung von Budgetinformationen und -kontrolle	2
KA.V2	Unterstützung bei Vertragsprüfungen	2
KA.V3	Dokumentation kaufmännischer Prozesse	1
KA.V4	Zusammenarbeit mit Einkauf und IT	3

10.4.3 Personalabteilung (HR) 1x jährlich

Nr.	Schulungsinhalte	PRIO
PA.S1	NIS-2-Pflichten im Personalmanagement	2
PA.S2	Insider-Risiken und Umgang mit internen Sicherheitsverstößen	2
PA.S3	Onboarding/Offboarding Prozesse mit Risikobehandlungen	1
PA.S4	Pflichtschulungen & Nachweise mit Curriculum	1
PA.S5	Umgang mit personenbezogenen Daten (Schnittstelle DSGVO)	3
PA.S6	Awareness & Meldewege	2
PA.S7	Rollen- und Verantwortlichkeitsdokumentation	2
PA.S8	Vorbereitung & Koordination Jahresabschluss mit NIS-2	3

Nr.	Verantwortlichkeiten	PRIO
PA.V1	Organisation aller Pflichtschulungen	1
PA.V2	Nachweisführung, Schulung und Archivierung Dokumentation	2
PA.V3	Pflege der Rollen- und Berechtigungsdokumentation	2
PA.V4	Sicherstellung sicherer HR-Prozesse	2

10.4.4 IT-Abteilung 1–2x jährlich

Nr.	Schulungsinhalte	PRIO
IT.S1	Überblick technische NIS-2-Maßnahmen & Strukturen	1
IT.S2	Patch- & Schwachstellenmanagement	1
IT.S3	Netzwerksegmentierung mit Dokumentation & Notfallprozesse	1
IT.S4	Monitoring & Logging	2
IT.S5	Backup Prozesse & Wiederherstellungstests	1
IT.S6	Incident Response Management	2
IT.S7	Dokumentation mit Bestandserfassung und -aktualisierung	2
IT.S8	Lieferketten- & Systemverantwortung mit Second-Party-Audits	2

Nr.	Verantwortlichkeiten	PRIO
IT.V1	Umsetzung aller technischer Sicherheitsmaßnahmen	1
IT.V2	Betrieb von Monitoring und Logging	1
IT.V3	Sicherstellung der Systemverfügbarkeit incl. Lieferantensysteme	1
IT.V4	Unterstützung bei Vorfallmeldungen mit Schulung Abteilungen	2

10.4.5 Einkaufsabteilung 1x jährlich

Nr.	Schulungsinhalte	PRIO
EK.S1	NIS-2 in der Lieferkette	1
EK.S2	Anwendung NIS-2-Anforderungen bei Investitionen und Einkauf	2
EK.S3	Durchführung von Lieferanten-Audits mit IT-Abteilung	2
EK.S4	Nachweis- und Zertifikatsprüfung im Vertragsmanagement	2
EK.S5	Lieferantenklassifizierung nach NIS-2 Kriterien	2
EK.S6	Meldewege bei NIS-2 relevanten Störungen	2
EK.S7	Kommunikation mit IT, GL und KA (z. B. Investitionen	3
EK.S8	Umgang mit Sicherheitsvorfällen	1

Nr.	Verantwortlichkeiten Einkaufsabteilung	PRIO
EK.V1	Prüfung von Lieferanten und Verträgen	1
EK.V2	Einholung sicherheitsrelevanter Nachweise	2
EK.V3	Zusammenarbeit mit IT, KA und Recht	2
EK.V4	Dokumentation der regelmäßigen Lieferantenbewertung	3

10.4.6 Medizintechnik 1–2 x jährlich

Nr.	Schulungsinhalte	PRIO
MT.S1	NIS-2 für vernetzte Medizinprodukte & -technik	1
MT.S2	Patch- und Updateprozesse für Medizintechnik	2
MT.S3	Inventarisierung mit Notfallinformationen	1
MT.S4	Sicherer Betrieb von Altgeräten mit Risikobewertung	3
MT.S5	Zutritt-, Zugang- und Zugriffskontrollen	2
MT.S6	Herstelleranforderungen	3
MT.S7	Wartungs- und Meldepflichten	2
MT.S8	Second-Party Audits, Lieferanten/Dienstleister mit Dokumentation	2

Nr.	Verantwortlichkeiten	PRIO
MT.V1	Pflege der Geräteinventarverzeichnisse	2
MT.V2	Umsetzung technischer Sicherheitsmaßnahmen	2
MT.V3	Kommunikation mit Herstellern und Dienstleistern	2
MT.V4	Meldung von Medizin-IT-Störungen	2

10.4.7 Ärztliche & Pflegerische Versorgung 1x jährlich

Nr.	Schulungsinhalte	PRIO
PF.S1	Grundlagen NIS-2 in Behandlung & Pflege (Station)	2
PF.S2	Sicherer Umgang mit KIS/PDMS, PACS,	2
PF.S3	Phishing & Social Engineering	2
PF.S4	Umgang mit digitale Patientendaten	1
PF.S5	Meldewege bei Störfälle auf der Station	2
PF.S6	Geräte- und Systemverantwortung	3
PF.S7	Passwort- & Zugriffsrichtlinien	2
PF.S8	Notfallprozesse bei IT-Ausfall	1

Nr.	Verantwortlichkeiten	PRIO
PFV1	Einhaltung sicherer Arbeitsprozesse auf der Station	1
PF.V2	Meldung von IT-Störungen	2
PF.V3	Teilnahme an Pflichtschulungen	2
PF.V4	Umsetzung von Zugangs- & Zugriffsrichtlinien	2

10.4.8 Qualitätsmanagement (QM) 1x jährlich

Nr.	Schulungsinhalte	PRIO
QM.S1	NIS-2-Schnittstellen zum QM-System	2
QM.S2	NIS-2-Dokumentationsanforderungen	2
QM.S3	VA zur Integration von NIS-2 in QM-Prozesse	3
QM.S4	VA Voraussetzungen NIS-2-Auditfähigkeit	2
QM.S5	Risikomanagementmethoden	3
QM.S6	VA für Meldewege und Registrierungen	1
QM.S7	Schnittstellen zu IT-, GL- und Rechtsabteilungen	2
QM.S8	Wirksamkeitskontrolle und PDCA im NIS-2-Umfeld	3

Nr.	Verantwortlichkeiten	PRIO
QM.V1	Pflege der QM-Dokumentation	2
QM.V2	Durchführung interner Audits	1
QM.V3	Unterstützung bei Risikoanalysen	2
QM.V4	Sicherstellung der Nachweisführung	3

10.4.9 Rechtsabteilung 1x jährlich

Nr.	Schulungsinhalte	PRIO
RA.S1	Rechtliche Grundlagen NIS-2 im Gesundheitswesen	2
RA.S2	Haftung & Organisationsverschulden der Geschäftsleitung	1
RA.S3	Vertragsgestaltung mit NIS-2-Komponenten	2
RA.S4	Rechtliche Relevanz der Meldepflichten	2
RA.S5	Beschluss- und Dokumentationspflichten	3
RA.S6	Bewertung von Sicherheitsvorfällen	1
RA.S7	NIS-2-Schnittstellen zu Datenschutz und DSGVO	2
RA.S8	Behördenkommunikation bei NIS-2 relevanter Vorfälle	2

Nr.	Verantwortlichkeiten	PRIO
RA.V1	Prüfung und Anpassung von Verträgen (PA, Lieferanten etc.)	1
RA.V2	Beratung der GL und Fachabteilungen zu Pflichten & Haftungen	2
RA.V3	Koordination & Unterstützung bei Vorfallmeldungen	2
RA.V4	Sicherstellung rechtssicherer Beschlüsse mit Dokumentation	2

10.4.10 Übergeordnete Schulungsinhalte (alle Abteilungen) 1x jährlich

Nr.	Schulungsinhalte	PRIO
ÜB.S1	Einordnung NIS-2 für Regulatorik im Gesundheitswesen	2
ÜB.S2	Grundlagen des ISMS im Gesundheitswesen (Besonderheiten)	2
ÜB.S3	Zukünftige Entwicklungen zum konsolidierten GRC-System	3
ÜB.S4	NIS-2-Verfahrensanweisungen/Prozessbeschreibungen	3
ÜB.S5	NIS-2 im Geschäftsverteilungsplan und im Organigramm	2
ÜB.S6	NIS-2 in der Außen Kommunikation und im Marketing	3
ÜB.S7	Entwicklung von NIS-2-Schulungs- und Coaching Konzepte	2
ÜB.S8	Behördenkommunikation bei NIS-2 relevanten Vorfälle	2

Was Sie aus diesem *essential* mitnehmen können

- Grundlagen zur rechtskonformen Umsetzung der NIS-2-Norm in wichtigen und wesentlichen Gesundheitseinrichtungen
- Basisinformationen zur abteilungsspezifischen Umsetzung von Informationssicherheit in Krankenhaus-Abteilungen in der Versorgung, der Verwaltung, der IT-Abteilung und in der übergeordneten Führung
- Konkrete Kriterien zur Status-Bewertung der NIS-2-Umsetzung nach Abteilungen in mittleren und größeren medizinischen und pflegerischen Versorgungseinrichtungen (Monitoring-Checkliste)
- Vorschläge für konkrete Beschlussfassungen der Geschäftsleitungen zur rechtskonformen NIS-2-Umsetzung
- Unterstützung bei der Entwicklung eines NIS-2-Schulungsplans (Curriculum) für Krankenhäuser, Kliniken, MVZ, große Sozialeinrichtungen
- Beispiele für Dokumente für Qualitätsmanagement nach der NIS-2-Norm im Gesundheitswesen
  (Updates können über Web-Portale abgerufen werden)

C. Wente-Waedlich et al., *NIS-2 für Universitätskliniken und große Krankenhäuser*, essentials, https://doi.org/10.1007/978-3-662-74221-1

Anhang

Diese Übersicht enthält zentrale Dokumente, Leitfäden und Tools für die Vorbereitung und Durchführung von KRITIS-Audits in Krankenhäusern.

BSI KRITIS-Downloads
https://www.bsi.bund.de/DE/Themen/Regulierte-Wirtschaft/Kritische-Infrastrukturen/Service-fuer-KRITIS-Betreiber/KRITIS-Downloads/kritis-downloads_node.html

§ 8a BSIG Anforderungskatalog
https://www.bsi.bund.de/DE/Themen/Regulierte-Wirtschaft/Kritische-Infrastrukturen/Service-fuer-KRITIS-Betreiber/KRITIS-Downloads/kritis-downloads_node.html

BSI-Leitfaden zur Risikoanalyse für Krankenhaus-IT

Dokument-name	Beschreibung	Weblink
BSI KRITIS-Downloads	Formulare, Mängellisten, Orientierungshilfen für Betreiber und Prüfer	https://www.bsi.bund.de/DE/Themen/Regulierte-Wirtschaft/Kritische-Infrastrukturen/Service-fuer-KRITIS-Betreiber/KRITIS-Downloads/kritis-downloads_node.html
Anforderungs-katalog § 8a BSIG	Konkretisierung der Anforderungen und Maßnahmen für KRITIS-Betreiber	https://www.bsi.bund.de/SharedDocs/Downloads/DE/BSI/KRITIS/Konkretisierung_Anforderungen_Massnahmen_KRITIS.html

C. Wente-Waedlich et al., *NIS-2 für Universitätskliniken und große Krankenhäuser*, essentials, https://doi.org/10.1007/978-3-662-74221-1

Dokument-name	Beschreibung	Weblink
RiKrIT Leitfaden	BSI-Leitfaden zur Risikoanalyse für Krankenhaus-IT	https://www.bsi.bund.de/DE/Themen/Regulierte-Wirtschaft/Kritische-Infrastrukturen/Sektorspezifische-Infos-fuer-KRITIS-Betreiber/Gesundheit/Risikoanalyse-Krankenhaus-IT/risikoanalyse-krankenhaus-it_node.html
BSI-Kritisverordnung	Gesetzliche Schwellenwerte und Definitionen für KRITIS-Betreiber	https://www.gesetze-im-internet.de/bsi-kritisv/BSI-KritisV.pdf
B3S Krankenhaus (BSI)	Branchenspezifischer Sicherheitsstandard für Krankenhäuser	https://www.bsi.bund.de/SharedDocs/Textbausteine/DE/KRITIS/B3S/Gesundheit/b3s-krankenhaus.html
DKG Prüfnachweisplaner	Excel-Tool und Mapping-Tabellen zur Auditvorbereitung	https://www.dkgev.de/themen/digitalisierung-daten/informationssicherheit-und-technischer-datenschutz/informationssicherheit-im-krankenhaus/
B3S Gesamtdokument PDF	Vollständige Version des B3S Krankenhaus (Version 1.3)	https://www.dkgev.de/fileadmin/default/Mediapool/2_Themen/2.1_Digitalisierung_Daten/2.1.4._IT-Sicherheit_und_technischer_Datenschutz/2.1.4.1._IT-Sicherheit_im_Krankenhaus/B3S_KH_v1.3_-_Gesamtdokument_Stand_Einreichung_BSI_2025-07-25.pdf
OpenKRITIS Ergebnisse	Praxisberichte und Mängelkategorien aus BSIG-Prüfungen	https://www.openkritis.de/pruefung/ergebnisse-bsig-pruefung.html
OpenKRITIS Prüfungen	Informationen zu Prüfungen und Nachweisen inkl. NIS2-Ausblick	https://www.openkritis.de/pruefung/
Prüfnachweisplaner (KH-IT)	Excel-Tool für Auditplanung und Fristenverwaltung	https://kh-it.de/pruefnachweisplaner-verfuegbar/

Weiterführende Literatur und Referenzen

Abbou B, Kessel B, Ben Natan M, Gabbay-Benziv R, Dahan Shriki D, Ophir A, Goldschmid N, Klein A, Roguin A, Dudkiewicz M (2024) When all computers shut down: the clinical impact of a major cyber-attack on a general hospital. Front Digit Health 6:1321485. https://doi.org/10.3389/fdgth.2024.1321485

ACTUM Digital (2024) NIS-2 in healthcare: strengthening cybersecurity for patient safety. https://www.actumdigital.com/insights/nis2-directive-healthcare. Accessed: April 19, 2026

Agency for Healthcare Research and Quality (2024) Pelletreau B, Riggi J, Gale B, et al. Cybersecurity and how to maintain patient safety. PSNet [internet]. Rockville, MD: Agency for Healthcare Research and Quality, US Department of Health and Human Services. https://psnet.ahrq.gov/perspective/cybersecurity-and-how-maintain-patient-safety. Accessed: April 19, 2026

American Hospital Association (2024). A look at 2024's health care cybersecurity challenges. https://www.aha.org/news/aha-cyber-intel/2024-10-07-look-2024s-health-care-cybersecurity-challenges. Accessed: April 19, 2026

Artificial intelligence in healthcare: transforming patient safety with intelligent systems – a systematic review (2025) Front Med. https://pmc.ncbi.nlm.nih.gov/articles/PMC11750995/. Accessed: April 19, 2026

Commission Implementing Regulation (EU) 2024/2690 (2024) NIS-2 technical requirements. European Commission. https://www.enisa.europa.eu/publications/nis2-technical-implementation-guidance. Accessed: April 19, 2026

Copla (2026) NIS-2 for healthcare: what providers must know. https://copla.com/blog/compliance-regulations/nis2-implementation-for-healthcare-sector. Accessed: April 19, 2026

DataGuard (2025) NIS-2 requirements: a complete guide to compliance and implementation. https://www.dataguard.com/nis2/requirements/. Accessed: April 19, 2026

Directive (EU) 2022/2555 (2022) NIS-2 Directive. European Union. https://digital-strategy.ec.europa.eu/en/policies/nis2-directive. Accessed: April 19, 2026

ENISA (2020) Good practices for the security of healthcare services: procurement guidelines. https://www.enisa.europa.eu/publications/good-practices-for-the-security-of-healthcare-services. Accessed: April 19, 2026

C. Wente-Waedlich et al., *NIS-2 für Universitätskliniken und große Krankenhäuser*, essentials, https://doi.org/10.1007/978-3-662-74221-1

ENISA (2023) ENISA health threat landscape report 2023. https://www.enisa.europa.eu/publications/health-threat-landscape. Accessed: April 19, 2026

ENISA (2025) Cyber hygiene in the health sector – good practice guide. https://www.enisa.europa.eu/publications/cyber-hygiene-in-the-health-sector. Accessed: April 19, 2026

Freeman S et al (2025) Developing an AI governance framework for safe and responsible AI in healthcare organizations. JMIR Res Protoc. https://www.researchprotocols.org/2025/1/e75702. Accessed: April 19, 2026

Jiang JX, Ross JS, Bai G (2025) Ransomware attacks and data breaches in US health care systems. JAMA Netw Open 8(5):e2510180. https://doi.org/10.1001/jamanetworkopen.2025.10180

MyData-Trust (2025) Understanding NIS-2 and its implications for the healthcare sector. https://www.mydata-trust.com/2025/02/07/nis2-healthcare-impact/. Accessed: April 19, 2026

Neprash HT, McGlave CC, Cross DA, et al (2022) Trends in ransomware attacks on US hospitals, clinics, and other health care delivery organizations, 2016-2021. JAMA Health Forum 3(12):e224873. https://doi.org/10.1001/jamahealthforum.2022.4873

nFlo (2026) NIS-2 for healthcare: requirements and step-by-step implementation. https://nflo.tech/knowledge-base/nis2-for-healthcare-requirements-step-by-step-implementation/. Accessed: April 19, 2026

NHS England (n.d.) Network segmentation: an introduction for health and care organisations. https://digital.nhs.uk/cyber-and-data-security/guidance-and-resources/network-segmentation/. Accessed: April 19, 2026

van Boven LS, Kusters RWJ, Tin D, van Osch FHM, De Cauwer H, Ketelings L, et al (2023) Hacking acute care: a qualitative study on the healthcare impacts of ransomware attacks against hospitals. medRxiv. https://doi.org/10.1101/2023.02.13.23285854

FSC®
www.fsc.org
MIX
Papier | Fördert gute Waldnutzung
FSC® C083411

Kolibri 360 GmbH
Ferdinand-Jühlke-Straße 7
99095 Erfurt, Deutschland
produktsicherheit@kolibri360.de